THE
COMMON SENSE
OF BEAUTY

周清毅 著

美的常識

——3000年來中西方
美的變遷

開明書店

自序

美，是人類永恆的話題和不變的追求；美，是一切事物的最高境界；美，是鮮活的，又是不可捉摸的；美，是精神的，也是物質的……那麼，美是什麼？

這就是《美的常識》要回答的。

正是因為美在我們每個人身邊，卻又常常看不見、摸不着，如「水中鹽」「蜜中花」，才令我們對美莫衷一是，難以言表。用「人話」把「美」說清楚，是我的最初想法，也就是用最明白、最平實、最易為人接受的語言告訴人們「什麼是美」。

也正是因為當今社會的主要矛盾已經轉變為人民日益增長的美好生活需要和不平衡不充分發展之間的矛盾，人們對美好生活的要求更加提高了，對美的認識也提高了。美，成為美好生活的主題。人們對美的需求變得迫切了，相應的，講清楚「美」的難度也增加了。

在對美的認識上，我試圖循着中華文明之美這條主線，從孔孟老莊講起，中間經過魏晉風

骨，一直到現在的新美育時代，告訴大家中華之美美在哪裏。同時，以西方世界對美的認識與之作對比，從古希臘到康德、黑格爾，最後到馬克思、恩格斯對美的論述，揭示美的本質，回答「美到底是什麼」這一千年之問。

在材料的選擇上，從「常識」的角度，我試圖用最有代表性的人物、最重要的美的線索、最具轉折性的歷史節點、最經典的美的論述描繪「美是什麼」。但是，要用最精當的材料把問題説清楚，難免會捨掉一些東西，而這些東西可能同樣是珍珠。比如中國唐、宋、元、明、清各時期和歐洲中世紀對美的認識以及宗教與美的關係等都涉及的不多。主要是珍珠太多，而鏈子要保持一個恰當的長度 —— 為了讓大家在儘可能短的時間內對美有概括性的了解。當然，這麼做也有我學養不夠精深的原因在裏面。

在敍述上，我試圖少用概念、多講故事，把概念融化在故事中，減少讀者理解的難度，少弄玄虛、多接地氣，用生活事件和日常情感來增進對美的感受，少模棱兩可、多準確表達，直白地告訴大家美是什麼、美又不是什麼，減少認識上的隔閡。

這本小書，總體來説就是一句話：

堅持説「人話」，告訴最大多數人「美的常識」。

清毅

2020 年 11 月 25 日

於北京東三環南路甲 3 號

目錄

CONTENT

第一章

美是什麼

黑格爾：美是理念的感性呈現

　　第一章，我們先來介紹一下近代以來最重要的西方思想家關於美的看法。在這些思想家的著作裏有大量的概念，這些概念大部分都有特定的含義，不是字面的意思。這就給大眾理解它們帶來了一些障礙。所以，我想儘可能少地使用那些晦澀的概念，試着用相對比較通俗的語言把問題講清楚。這樣做難度很大，但有利於讓更多的人深入認識美、理解美、欣賞美。

一、凡是現實的都是合理的嗎

　　先從大家都非常熟悉的黑格爾的一個著名論斷講起，也是他哲學體系中廣為人知的內容 ——「凡是現實的都是合理的」。

　　黑格爾出生於 1770 年，1831 年去世，享年 61 歲。他出生在德國南部斯圖加特城的一個官僚家庭，1788 年至 1793 年在圖賓根大學學習。當時正值法國大革命時期，黑格爾熱情地肯定了這次革命，即使在波旁王朝復辟時期仍公開宣稱「法國革命是一次壯麗的日出，一切能思維的生物都歡慶這個時代的來臨」。1805 年，黑格爾升為教授，在耶拿大學任教。1807 年，他完成了其哲學體系中具有奠基性的著作《精神現象學》。馬克思說這部著作的誕生「是黑格爾哲學的真正誕生地和祕密」。1807年，他在《班堡日報》做了一年編輯工作。1808 年至 1816 年，黑格爾在紐倫堡當中學校長，在這裏完成了他一生中最重要的唯心辯證法巨著《邏輯學》，俗稱「大邏輯」（後來又增加了一些他的學生記錄的聽課筆記，叫「小邏輯」）。他站在資產階級立場上，從唯心主義出發，對德國資本主義代替封建主義的歷史必然趨勢和合理性進行抽象論證。1816 年

至 1818 年，他擔任海德堡大學教授。他於 1817 年完成了他的客觀唯心主義體系中最重要的著作《哲學全書綱要》，全書分為邏輯學、自然哲學和精神哲學三個部分，全面系統地論述了他的哲學體系。1818 年，黑格爾被普魯士國王聘為柏林大學教授。1829 年，他任柏林大學校長。1831 年，他死於霍亂。因黑格爾被普魯士國王聘為柏林大學教授，後來又當上校長，有人稱他是「官方哲學家」，是為保守的資產階級服務的，提倡改良而不是革命。

凡是現實的都是合理的。黑格爾這句話的全文是「凡是合乎理性的東西都是現實的，而凡是現實的東西都是合乎理性的」。幾乎所有研究黑格爾的學者都會提到他的這個著名命題，但有 90% 的人對這句話是有誤解的。許多人認為黑格爾是為當時普魯士王國的現存制度進行辯護，認為他的意思是說「現存的制度既然是合理的，我們就不要反對了」。這一理解是錯誤的。從德語的詞根上去研究，可以發現黑格爾講的「現實」和「現存」是有巨大差別的，他講的「現實」是能動的、變化的，「現存」是客觀存在的、不變的。所以他所說的「現實」隱含着積極的和革命的方面。也有哲學家認為這句話中的「現實」應譯為「實現」，作為一個動詞來解釋，可以翻譯成「凡是合理的都是按照規律實現着的」，都是在變化的，而不是一成不變的。所以說，這個命題的提出並不是為普魯士王國當時的制度辯護的。還有一種說法，黑格爾說他從來沒有講過「凡是現存的都是合理的」，也許他是有意說的，也許是他官方哲學家的身份造成的，往往使人產生誤解。

「凡是現實的都是合理的」這一命題是黑格爾在他的著作《法哲學原理》的序言裏提出的。在這本著作裏，他一方面把普魯士國家神聖化、合理化，認為「君主權是以神的權威為基礎的，自由在德國已經得到了實現」，另一方面反對人民群眾的革命，得出的結論當然就是對於如此「合

◈〔法〕斯塔夫·庫爾貝:《畫室——一個概括我從 1848—1855 年七年藝術
生涯的真實寓言》,油畫,1855 年,法國奧賽博物館藏

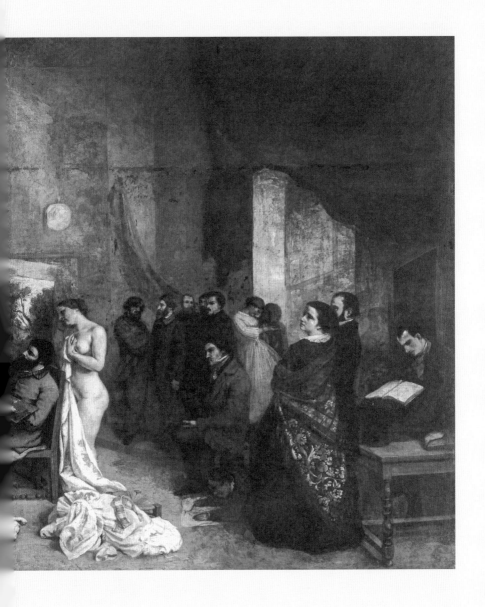

◎〔古埃及〕《捕鳥圖》，壁畫，英國大英博物館藏

理性的」德國的「現實」只可改良，不應革命。作為官方哲學家，他用哲學語言表達了政治思想，他的哲學成為普魯士王國的國家哲學。從這個角度推斷，這句話可能是黑格爾有意這麼講的。

據說德國著名抒情詩人海涅有一次去找黑格爾聊天，他問黑格爾「凡是現實的都是合理的」這句話到底是什麼意思。海涅的著名詩句如「生命不可能從謊言中開出燦爛的鮮花」「冬天從這裏奪去的，春天會交還給你」等至今依然廣為傳誦。海涅當年也是一個有思想的青年。而黑格爾聽到這個問題後，笑了笑說其實這句話的意思是「一切合理的東西都應該實現出來」。這話一說出口，黑格爾也被自己的話嚇了一跳，驚慌地環顧左右，發現沒什麼人之後才平靜下來。「一切合理的東西都應該實現出來」，這句話具有革命的積極意義。他告訴海涅，這個話說出去是要殺頭的，千萬不要告訴別人。後來恩格斯在談到這句話時也是這麼認為的，認為黑格爾其實是話中有話，埋藏着一種革命的鋒芒。恩格斯將這一命題往前推了一步，得出來一個新的命題，那就是「凡是現存的東西都是注定要滅亡的」。

二、絕對精神：黑格爾哲學體系的基本概念

實際上「凡是現實的都是合理的」這句話和黑格爾關於美的論述沒有直接聯繫，有直接聯繫的是他的哲學內核 —— 絕對精神。黑格爾哲學體系的基本概念就是絕對精神，這既是實體又是主體，既是主觀的又是客觀的。從實體的角度來講，它是唯一客觀獨立存在的實體，是宇宙萬物的本源和基礎，它構成宇宙萬物的內在本質和靈魂，但它不是靜止不動的，而是作為主體辯證發展着的。黑格爾最重要的思想就是辯證法，宇宙萬物無論是自然的、社會的現象，還是人類思想的現象，都是絕對精神實現自己、認識自己的辯證發展過程的外部表現，都是絕對精

神自己產生和創造的。這是他的一個最基本的觀點，和當年柏拉圖提出的「理念說」如出一轍，只有通過絕對精神的觀照來實現自己，是從主觀到客觀的，而不是從客觀到主觀的，是從意識到物質，不是從物質到意識，世上萬物都是絕對精神自己產生和創造的。這是徹頭徹尾的唯心主義。

絕對精神有四個特點：

第一，絕對精神就是用哲學術語改造了的「上帝」的別名。絕對精神是先於自然和人類而客觀獨立存在着的主體，一切自然、社會和人類思維的現象都是絕對精神的外部表現，就像柏拉圖「三張牀」的理論一樣，是先有牀的理念，再有實體的牀，再有牀的圖畫。只不過黑格爾更加明確地指出一切都是絕對精神的表現而已，是理性的、邏輯的宇宙精神。康德給上帝在不可知的「物自體」那裏留了一個地方，而黑格爾的絕對精神就是黑格爾的上帝，它是萬物之源。

第二，絕對精神本身是永恆的、運動的、發展變化着的，它本身內部包含着矛盾，它自身的矛盾推動它不斷運動、變化、發展。馬克思說絕對精神的核心就是辯證發展，矛盾的變動、鬥爭、發展。黑格爾認為精神也是不斷變化的，這比強調理念是靜止的、永恆不變的古希臘哲學家大大地前進了一步。

第三，精神，即以概念形式表現出來的思維運動是有其固有的形式和節奏的。絕對精神按照「肯定」（正）、「否定」（反）、「否定之否定」（合）的三段式不斷發展變化，從正到反再到合。這三者是密切聯繫在一起的，而且有其內在的必然聯繫。概念在完成這一辯證運動時所達到的否定之否定，又成為新的肯定，成為新的發展的基礎，然後它又會沿着肯定、否定、否定之否定的三段式繼續發展。黑格爾和馬克思主義的唯物辯證法是完全不同的，他的唯心主義的辯證法是讓客觀事實來適應概

念的發展變化，而不是概念隨着對客觀事實的認識的深入發展變化。

　　第四，黑格爾從絕對精神既是實體又是主體的唯心辯證的規定出發，認為哲學的研究對象就是絕對精神的自身的發展歷史，基本任務就是揭示其發展階段和內在必然聯繫。他把絕對精神的辯證發展分為三個基本階段：邏輯階段、自然階段和精神階段。這也正是他經歷的大大小小的三段式中的最大的一個三段式。邏輯階段經過自然階段到精神階段的過程，也就是精神思維轉化為物質存在，又從物質存在轉化為精神思維的過程，和馬克思主義辯證法正好是反過來的。馬克思主義辯證法是從實踐到認識，黑格爾則是先從認識開始，從精神思維到物質存在，再從物質存在轉化為精神思維的過程，立足點完全不同。絕對精神正是通過這種雙重轉化的過程實現了對它自身的認識。黑格爾的全部哲學就是對絕對精神這一過程的描述，因此他的哲學也就是由從主觀出發的邏輯學到自然哲學，再到精神哲學三個部分組成的龐大體系。

◎〔古希臘〕米隆：《拳擊手的頭像》，大理石雕塑，意大利卡比托利歐博物館藏

從絕對精神出發探討人的精神生活，主要包括三個方面，即三個階段——藝術、宗教和哲學。黑格爾認為在這三個階段裏面絕對精神就是上帝，是上帝在人的精神中的現身。你要接近上帝，要知道上帝是什麼樣的，就要從事藝術，先從藝術開始才能接近上帝，然後信仰宗教，再研究哲學。哲學是最高的，離上帝也最近。藝術、宗教、哲學是主觀的客觀精神、絕對精神，但是其本身又體現為發展的歷史，這三者是一個遞進的過程，每個時代都同時有這三者，但地位不同。這裏蘊含着兩個重要內容：藝術衰落論和哲學至上論。

在古希臘，藝術佔統治地位，藝術在那時達到了頂峰。在中世紀，宗教達到了頂峰。進入現代以後，藝術就衰落了，再也達不到古典的高峰，因為它在人類的精神生活中不再佔有統治地位，人們不再把全部的心血及精神凝聚在藝術裏。在三個階段裏面，藝術以感性的方式把握絕對精神，宗教以象徵的方式把握絕對精神，哲學以概念的方式把握絕對精神。

黑格爾認為哲學至上，而且是「黑格爾哲學」至上，他說「絕對精神達到了最高層面就是絕對真理」，世界歷史在他這裏就終結了，只有黑格爾的哲學思想達到了絕對真理。

黑格爾認為他是至高無上的。在他的哲學王國裏，他是世界歷史的終結者。黑格爾對東方藝術是輕視的，在他看來，歷史的發展仿佛是東方為西方做準備，而西方又為普魯士做準備，不但普魯士的君主專制是理想的政體形式，而且普魯士的哲學在黑格爾身上也達到了世界哲學的最高峰，普魯士的詩歌也是世界文藝發展的頂點。有人認為，他的這種思想對後來希特勒的法西斯主義是有影響的。

三、美是理念的感性呈現

　　真，就它是真來說，也存在着。當真在它的這種外在存在中是直接呈現於意識，而且它的概念是直接和它的外在現象處於統一體時，理念就不僅是真的，而且是美的了。美因此可以下這樣的定義：美就是理念的感性顯現。[1]

　　這裏的理念就是絕對精神，是最高的真實。藝術是絕對精神最初的、直接的、自我認識的形式，是感性的。黑格爾認為藝術最高貴的地方在於它表現的是上帝的形象，它的任務是使這些精神性的、神聖的真理或真實活生生地呈現在直觀面前，理念在這裏直接顯現外形，或者以直接具體的感性形象釋放光輝。

　　雖然理念是一種極端的、唯心的、神祕論的東西，但是裏面隱含着黑格爾的一個重要辯證思想，和絕對精神隱含的思想是一樣的。黑格爾既反對美學中的形式主義形象，也反對自然主義形象，在他看來，美的東西必須是感性因素和理性因素、形式和內容的對立統一。一方面，它必須是具體的、感性的存在，呈現於感性直觀面前的東西，比如說一幅畫或者一個雕像，是絕對精神的表象的、感性的存在；另一方面，它又必須體現出精神和理念，也就是理性的思想和內容，這些主觀的東西必須經過藝術家來改變外在事物的能動的活動，比如說繪畫、雕刻等都是改變外在事物的活動，這樣才能獲得外在事物的形象，成為可以感性直觀的對象。因此「美是作為感性因素和理性因素、內容和形式的統一，也就是主觀和客觀的統一。在這種統一中，理性因素內容主觀能動的方面是佔主導的決定地位」。馬克思認為物質決定意識，黑格爾卻

1　〔德〕黑格爾. 美學（第一卷）[M]. 朱光潛，譯. 北京：商務印書館，2009:142.

◇ 〔古埃及〕納克特墓室壁畫：美國大都會藝術博物館藏

認為是主觀決定客觀，後者是唯心主義的。但黑格爾能認識到這種辯證統一，包括內容和形式、理性和感性等的辯證統一，是有重要的積極意義的。

四、自然美與藝術美

在黑格爾那裏，藝術美是高於自然美的。

> 由於理念還只是在直接的感性形式裏存在，有生命的自然事物之所以美，既不是為它本身，也不是由它本身着要顯現美而創造出來的。自然美只是為其他對象而美，這就是說，為我們，為審美的意識而美。[1]

自然美，你不發現它，它是不美的。它雖然存在着，但是沒有人認識它，也就沒有美可言。這就是說，自然美是為我們、為審美的意識而美。

進一步來講，正是因為有自然美的這種缺陷 ——「自然美只是為其他對象而美」，才有藝術美的誕生，才有必要有藝術美，藝術才是由心靈自為地把理念顯現於感性形象，才真正表現出自由與無限。黑格爾說：

> 我們可以肯定地說，藝術美高於自然。因為藝術美是由心靈產生和再生的美，心靈和它的產品比自然和它的現象高多少，藝術美也就比自然美高多少。[2]

就是說認識水平高多少，最後產生的藝術美就比自然美高多少。他進一步論述：

> 只有心靈才是真實的，只有心靈才涵蓋一切，所以一切美只有在涉及這較高境界而且由這較高境界產生出來時，才真正是美的。

1　〔德〕黑格爾．美學（第一卷）[M]．朱光潛，譯．北京：商務印書館，2009:160
2　〔德〕黑格爾．美學（第一卷）[M]．朱光潛，譯．北京：商務印書館，2009:4.

就這個意義來說，自然美只是屬於心靈的那種美的反映，它所反映的只是一種不完全不完善的形態……1

黑格爾這種對自然美的輕視的觀點，源於他關於美的認識的基本觀點 —— 美是理念的感性顯現。

五、藝術發展的三個階段

黑格爾對於藝術發展的三個階段的論述，至今還閃爍着理性的光輝，這是黑格爾關於美的論述方面一個非常重要的成果。他對藝術發展的三個階段的劃分，至今沒有人超過他。他是怎麼劃分的呢？黑格爾認為藝術的第一個發展階段是象徵型藝術，第二個發展階段是古典型藝術，第三個發展階段是浪漫型藝術。這種對藝術史階段的劃分方式，到目前為止仍是獨一無二的。一般學習美術史、藝術史是按照歷史分期，但黑格爾是用時代精神來進行劃分的。哲學是什麼？哲學就是時代精神的精華，所以說黑格爾是從哲學的高度用時代精神的特點來劃分藝術發展階段的，也是從哲學的高度深入一個時代藝術品的象徵型、古典型、浪漫型的特質，以及不同時代的藝術品的差別，劃分了三個時期。

1. 象徵型藝術

象徵型藝術主要是在史前的一些早期建築中得到體現。黑格爾舉了個例子 —— 金字塔和獅身人面像。象徵型藝術的特點是藝術的內容和形式這兩方面還在相互尋找，即內容在尋找好的表現形式，形式也在尋找能符合形式的內容，內容和形式還沒有很好地結合，這一階段就是象徵型藝術時期。比如大家都知道的美術史中記載的在山洞裏發現的最早的美術作品 —— 畫在洞穴（西班牙阿爾塔米拉洞窟）牆壁上的牛，這象徵着

1　〔德〕黑格爾.美學（第一卷）[M].朱光潛，譯.北京：商務印書館，2009:5

什麼？也許每個人都有自己的看法。象徵型藝術是可以根據不同的情況來理解的，用黑格爾的話來講就是「這個階段，理念還被壓抑在自然的物質體積之下顯示不出來」，內容和形式沒有得到很好的結合，形式沒有很好地反映理念。比如前面提到的牛壁畫到底是講什麼，有人講是當時的勞動場景，有人講和祭祀有關。金字塔也一樣，金字塔到底象徵什麼至今也還是一個謎。所以在這個階段，藝術的內容和形式是分離的，藝術品具有象徵性。

2. 古典型藝術

古典型藝術的代表是古希臘藝術，其代表就是雕刻藝術，尤其是人體雕刻藝術。古希臘藝術反映出的時代精神是個人自由和獨立，在人體上特別能夠表現個人的獨立，所以這個時期最重要的題材就是人體雕刻。有人說古希臘的人體雕刻藝術至今無人超越，這是有一定道理的，其用人體雕刻藝術來反映人的獨立性，反映「神人同形同性」的人格化特點。屠格涅夫曾經講過，斷臂的維納斯雕像的震撼力不亞於法國的《人權宣言》，它主要表達的是個體的自由。這個時候的人體雕刻藝術表現的就是古典藝術的精神。黑格爾認為這個階段的內容和形式是吻合的，是古典型藝術。

3. 浪漫型藝術

黑格爾認為從中世紀一直到他所在的時代都是浪漫型藝術時代，這期間藝術的內容和形式又開始分裂。在象徵型藝術時期，內容和形式是相互找不到的；在浪漫型藝術時期，藝術家的創作內容和形式雙方要主動背離，內容要背離形式，形式也要背離內容，這種背離是故意的、主動的。他舉例說，基督教藝術以宗教為題材，感性形式肯定要受到精神內容的扭曲，文藝復興張揚感性，但又走向自然科學式的精確。理念和感性形式的正面衝突在黑格爾時代就已經開始了。印象派以及抽象藝

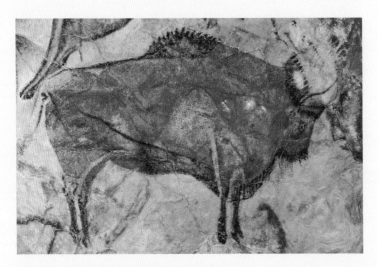

◈ 西班牙阿爾塔米拉洞窟巖畫（局部）

◈〔英〕約瑟夫・馬洛德・威廉・透納：《海上災難》，
油畫，1835 年，英國泰特美術館藏

◇〔古希臘〕米隆:《擲鐵餅者》,大理石雕塑(原作為青銅),
　羅馬國家博物館藏

術開始出現，有的開始賣弄技巧，不表達任何深刻的東西，有的畫得絢麗多彩，有的就只畫一條魚、一個盤子、一間廚房等，有的故意背離內容所要表現的思想，有的要把人的思想引到事物的表面，比如光影的變化，比如一個裝了酒的玻璃杯子，它的光影是怎樣變化的，這和當時自然科學的發展也很有關係。黑格爾認為浪漫型藝術是內容和形式的主動背離，認為有一些故弄玄虛的神祕東西在其中。他把這種因內容和形式分裂而產生的藝術形式稱作浪漫型藝術。這種分析的確有重要的啟發意義。

六、藝術會衰落嗎

藝術會衰落嗎？黑格爾認為會衰落。為什麼呢？這要從浪漫型藝術的內容和形式的分裂開始講，這種分裂在內容方面產生了大量讓人不懂的神祕東西，後來發展成宗教神祕主義。浪漫主義在內容方面開始拋棄感覺的形式，走向一種象徵、一種表象、一種信仰，那就是宗教了，宗教比藝術更高。黑格爾認為藝術衰落之後就走向了宗教，宗教不再以感性直觀的形式來打動人，而是用象徵和比喻等表象的形式來引導人，用這種方式來表達絕對精神。他說，浪漫型藝術體現出的這種浪漫的靈魂是一種分裂的靈魂，古典藝術經常避免的罪惡、痛苦、醜陋在浪漫型藝術裏找到了空間。這些論述都是非常有見地的。

黑格爾關於整個藝術史，包括藝術衰落觀點的產生和發展，與他的客觀唯心主義哲學體系分不開，也就是說藝術越往前發展，物質的因素就越逐漸下降，精神的因素就越逐漸上升。象徵型藝術是物質超越精神，古典型藝術是物質和精神平衡、吻合，浪漫型藝術則是精神超過物質。浪漫型藝術的種類主要是繪畫、音樂和詩歌。就繪畫來講，它已經比雕刻受到的物質約束要少得多。音樂就更進了一步，只表現時間，

不表現空間。詩歌又進了一步，不用形體而是用語言，不再直接描繪形象，而是一種符號和意念。黑格爾在其著名的觀點中指出「到了詩歌這個階段，物質的因素已經削減到最低限度」，認為詩歌是藝術的最高形式。浪漫型藝術精神超越物質必定是內容和形式的分裂，這種分裂不但導致浪漫藝術的解體，而且也要導致藝術本身的解體。到了浪漫時期，藝術的發展達到了高峰，人們不再滿足於從感性形象去認識理念，精神就要進一步脫離物質，要以宗教的、哲學的、象徵的、概念的形式去認識理念，最終藝術會讓位給宗教和哲學。黑格爾說：

> 我們儘管可以希望藝術還會蒸蒸日上，日趨於完善，但是藝術的形式已不復是心靈的最高需要了。我們儘管覺得希臘神像還很優美，天父、基督和瑪利亞在藝術裏也表現得很莊嚴完善，但是這都是徒然的，我們不再屈膝膜拜了。[1]

20 世紀五六十年代關於美的本質的討論

　　為什麼要講 20 世紀五六十年代呢？因為後續就沒有過多關於美的本質的討論了。我也在想為什麼現在沒人去研究這些東西了，也沒人去在意這些東西了。我覺得現在是物質超出了形式，物質又佔了主要方面。20 世紀五六十年代關於美的本質的討論主要集中在四個方面的觀點，每個觀點都有代表人物。

1　〔德〕黑格爾．美學（第一卷）[M]．朱光潛，譯．北京：商務印書館，2009:132.

一、美在物

　　第一種觀點是認為「美在物」，代表人物是蔡儀，他重要的著作是《新美學》。在 20 世紀五六十年代，李澤厚強烈批評蔡儀的「美在物」觀點。「美在物」是什麼意思呢？就是美是客觀的。蔡儀說：「美在於客觀的現實事物，現實事物的美是美感的根源，也是藝術美的根源……」[1]「美的本質就是事物的典型性，就是個別之中顯現着種類的一般。」[2]「這所謂美的規律，從根本意義上說也就是典型的規律。」[3]蔡儀的觀點片面地強調美的客觀屬性，他試圖建立一個和唯心主義美學相對立的唯物主義美學體系，反覆表示美在於物而不在於心，美在於典型，在於個別對象上顯現出來的種類的一般性。他主張美應當以唯物主義為基礎，主張從事物和與人類無關的性質、特徵、規律中探究美的根源。他完全強調「在物」，其中不體現人的作用。

二、美在心

　　第二個代表性觀點就是「美在心」，也就是唯心主義的觀點，以高爾泰為代表，他的著作叫《論美》，在 20 世紀 50 年代發表。這一派的觀點主張美是主觀的，美在心不在物，也就是在於美感。比如花兒美不美在於觀賞者，而不在於花，美跟物沒關係。高爾泰的觀點完全割裂了美和美感的統一性，走向了另外一個極端。

1　蔡儀.新美學 [M].上海：群益出版社，1949:17.
2　蔡儀.新美學 [M].上海：群益出版社，1949:68
3　蔡儀.新美學（改寫本）[M].北京：中國社會科學出版社，1995:250.

三、美在心與物之間

　　第三個代表性觀點是美在心與物之間，代表性人物是著名美學家朱光潛。他認為美在心與物之間，即美是主觀和客觀的統一。這個觀點雖然沒錯，但還不夠先進，和馬克思主義觀點還有一定的差距。他講的主客觀的統一，體現在美在於心和物的關係上，比如說欣賞一朵花的美，既要有花本身美的條件，還要有觀賞者的情緒加上花的形象。

> 　　物甲是自然物，物乙是自然物的客觀條件加上人的主觀條件的影響而產生的，所以已經不純是自然物，而是夾雜着人的主觀成分的物，換句話說，已經是社會的物了。美感的對象不是自然物而是作為物的形象的社會的物。[1]

　　康德認為「物自體」是不可認識的，只有現象是可以認識的，這與朱光潛的觀點有相通之處。但是朱光潛提出的「社會的物」具有客觀性，而康德認為的現象完全是主觀的。在這裏，美學所研究的也只是這個社會的物如何產生，一定要有一個中間的東西，和康德在「物自體」和主體之間有一個現象的觀點一樣。「具有什麼性質和價值，發生什麼作用，至於自然物，這是科學的對象。」朱光潛認為「物甲」即自然物或者科學的對象，是科學研究的對象，而「物乙」是美的對象，比如鄭板橋的竹，不是眼中之竹，而是胸中之竹。

四、美在客觀性與社會性的統一

　　最後一個代表性觀點是美在客觀性與社會性的統一，代表人物主要是李澤厚和王朝聞。王朝聞在 20 世紀 60 年代根據周恩來總理的指示主

1　朱光潛.朱光潛美學文集（第三卷）[M].上海文藝出版社，1983:34.

編了《美學概論》，其中基本上沿用了李澤厚的觀點。李澤厚主張美是客觀性和社會性的統一，它比主客觀統一又更進了一步。他說：「所謂美的社會性，不僅是指美不能脫離人類社會而存在（這僅是一種消極的抽象的肯定），而且還指美包含着日益開展着的豐富具體的無限存在，這存在就是社會發展的本質、規律和理想⋯⋯」[1] 李澤厚認為美是有社會性的，沒有社會性的美不叫美，強調應從人類社會歷史發展的實踐總體中去探求美的根源。他比朱光潛的觀點更加全面，明確提出了從社會歷史發展的實踐總體中去探求美的根源，不單是把美看作主觀和客觀認識的結合，而且將其看作能動的、實踐的結合。李澤厚也較早地指出了馬克思《1844 年經濟學哲學手稿》對美學研究的重要指導意義，指出了美是自由的形式，是合規律性與合目的性、真與善的統一。

王朝聞在《美學概論》裏面進一步論述了美的客觀性和社會性。他說：

> 美是一個感性具體的存在，它一方面是一個合規律的存在，體現着自然和社會發展的規律，一方面又是人的能動創造的結果。
> ⋯⋯
> 美是客觀對象所具有的這種不依存於我們主觀意識的社會屬性。[2]

同時他指出：「所謂的美的客觀社會性，是建立在人與自然之間的物質變換這個感性現實的客觀社會性的運動的基礎之上的，不通過人的感性物質的客觀社會性的活動，美也就不可能產生。所以，美的客觀社會性，實質上是來自社會實踐本身的客觀社會性。」[3] 王朝聞批判唯心主義美學，認為「唯心主義美學也經常講美的社會性。他們以為人的思想情感

1　李澤厚 . 美學論集 [M]. 上海文藝出版社，1980:30.

2　王朝聞 . 美學概論 [M]. 北京：人民出版社，2005:30-31.

3　王朝聞 . 美學概論 [M]. 北京：人民出版社，2005:30-31.

向對象的『移入』，便能產生美」[1]。

　　總體來講，第一性是社會存在問題，第二性是社會意識問題，一個是實踐問題，一個是認識問題。所以毛澤東一再說實踐的觀點是辯證唯物論和認識論的第一和基本的觀點。對美的本質的理解，也不能離開這個基本觀點。

美的本質

一、人是一切社會關係的總和

　　美的本質是什麼？首先我們來了解一下馬克思主義的一些基本觀點。第一個觀點是唯物主義，即物質決定意識，物質第一，意識第二。第二個觀點是實踐論，指的是實踐既反映了發展的過程，又反映了認識的規律，從實踐到認識到再實踐、再認識，對真理的認識是不斷上升的螺旋式發展過程。第三個觀點是矛盾論，是說辯證發展的過程要經過肯定、否定、否定之否定，再到肯定、否定、否定之否定，在這一過程中主要矛盾和次要矛盾相互轉化，矛盾的主要方面和次要方面相互轉化。

　　在研究美的本質時，首先要從對人的研究開始。馬克思認為人是一切社會關係的總和，人的本質存在於現實社會的矛盾之中，而社會生活在本質上又是實踐的。這幾個基本觀點大家有時間可以再去複習一下，不只對認識美有一定的作用，對指導我們的工作、學習也非常有幫助。

1　王朝聞.美學概論[M].北京：人民出版社，2005:30-31.

二、「人化的自然」和「自然的人化」

　　人化的自然。人的實踐鬥爭使自然成為人的自然,自然被打上了人的烙印。不僅外在的自然界,作為肉體存在的人本身的自然,也就是五官感覺到的各種需要,也超出了動物性的本能,具有了人的性質。這是人化的自然。人的性質是社會性,動物是包含在自然裏面的,只有人才能使用工具、使用語言,人是具有社會特徵的社會產物。

　　自然的人化。這是思維與存在的同一性的偉大的歷史成果,是美的本質。人的本質不是自然的進化,也不是神祕的理性,而是實踐的產物,美的本質也是如此。美的本質標誌着人類實踐對世界的改造。人化的自然是實踐改造的自然,自然的人化是具有社會屬性的自然。由於馬克思對美沒有進行系統的論述,我們只能用馬克思的基本觀點來看待美,這也是關於美的本質的第一個基本觀點。

三、人是依照美的規律來造型的

　　下面是馬克思在《1844 年經濟學哲學手稿》裏面的一段原話,是他對美最直接的一段論述:

　　　　動物只是在直接的肉體需要的支配下生產,而人則甚至擺脫肉體的需要進行生產,並且只有在他擺脫了這種需要時才真正地進行生產。[1]

　　這段話是什麼意思呢?馬克思在《1844 年經濟學哲學手稿》裏論述了人類的本質特點 —— 人的生產活動具有社會普遍性,隨後他講了這段關於美的名言。正因為具有內在目的和尺度的人類實踐主體能夠依照自

1　〔德〕馬克思 .1844 年經濟學哲學手稿 [M]. 劉丕坤,譯 . 北京:人民出版社,1979:50.

然客體規律來生產，於是人類能夠依照客觀世界本身的規律改造客觀世界，以滿足主觀需要。這個改造的客觀世界的存在形式便是美，是按照「美的規律來造型」。

馬克思不是從審美、意識、情趣、藝術實踐等角度出發，而是從人類的基本實踐，從人對自然的社會性的生產活動的角度來講美的規律，既深刻點明了美的客觀性的本質意義，同時也深刻指明了美的誕生是在人的實踐與現實的相互作用和統一之中，是依存於人類社會實踐的客觀存在。總的說來，馬克思關於美的本質還是圍繞實踐、認識、再實踐、再認識的社會實踐認識過程展開的，因此「人是依照美的規律來造型的」是馬克思主義關於美的論述的基石。

四、真、善、美的有機統一

任何一個哲學成為體系後都會講到真、善、美，康德的「三大批判」是關於真、善、美的，黑格爾的絕對精神也是關於真、善、美的。因為美和真、善是密切聯繫的，它們存在於人改造世界的實踐活動中。真、善、美都有各自的客觀規律。真是認識論裏面的認識規律，是最終形成的我們對社會的規律性的認識，對客觀事物自身規律性的認識。真和美有着密不可分的聯繫，但真本身並不是美，因為它只是個規律，是作為科學認識的對象，其本身無所謂美或者醜。但是就社會的規律來說，當人們運用規律來改造社會、改造自然的時候，這一活動過程不但體現了真，同時也是美的，體現了馬克思「人是依照美的規律來造型的」的觀點，這也即是真和美的聯繫。

美和善的關係，比美和真的聯繫更為直接。康德的「三大批判」中的判斷力批判，就是要搭起通向善的橋樑。人改造世界的活動是一種自覺的、有目的的活動，其中的目的性表現在社會發展中就是善。在階級

社會，不同階級對善有不同的認識，不同的目的性產生了不同的善。在社會實踐過程中，人對客觀現實與主觀目的二者關係的認識形成了善的觀念。一般來講，在實踐上符合人的目的性的東西是善的，反之就是惡的。就整個人類社會的歷史發展進程來看，只有與社會發展規律相一致並推動着社會發展的普遍利益才是真正的善。美以善為前提，歸根結底應該最終符合並服從於善。與此同時，雖然美以善為前提，但美本身並不是善。善是直接與人的功利目的聯繫着的，美則不是與人的功利目的直接聯繫的對象。美有時候並不直接滿足人們的實際需要，僅僅是作為觀賞和認識的對象，所以美本身並不一定是善。

真、善、美什麼時候能實現有機統一呢？就歷史的發展來說，只有當人在實踐中掌握了客觀世界的規律（即是真）並運用於實踐，達到了改造世界的目的，實現了善，才可能有美的存在。但從歷史的成果、從作為客觀的對象來看，真、善、美是同一客觀對象密不可分的、聯繫在一起的三個方面。只有通過美才能夠把真和善有機地統一起來，統一的方式和途徑是社會實踐，因為「人是依照美的規律來造型的」。

五、現實美與藝術美

美的分類方式有很多，比如社會美、自然美、生活美、科學美、藝術美等。為了方便大家理解，這裏說的現實美包括社會美、生活美、自然美等，是與藝術美相對應的。為什麼需要藝術美？是因為現實美還比較粗糙、分散，處於自然狀態。有缺陷才需要藝術，這是黑格爾的一個觀點，但是不夠全面。若要更全面一點，可以認為是現實生活中的社會美和自然美雖然廣闊、生動和豐富，但是由於諸多限制，它們仍然不能充分滿足人們對美的需要。還有一點要特別明確，現實中的美是美的唯一源泉，是唯物主義的，是從物質到意識的。藝術美是為了滿足人更多的美的需要而歷

史地、必然地產生出來的。現實美是美的客觀存在形態，而藝術美只是這種客觀存在的主觀反映的產物，是美的創造性的反映形態。

藝術美作為美的反映形態，是藝術家創造性勞動的產物，是藝術家與現實社會相互作用的過程。這些勞動創造的產物能夠加深人們對現實美的感受和領會，同時更能影響人們的思想感情，通過人們的審美意識反作用於人們的行動，也即是意識反作用於物質，反作用於人們的生產鬥爭、階級鬥爭和科學實踐，從而推動現實美不斷前進。這一過程即是改造現實、改造社會、改造自然，是毛澤東《在延安文藝座談會上的講話》中指出的生活是藝術的唯一源泉，但藝術美卻可以高於現實。美源於生活、高於生活，充分地肯定了藝術美在改造世界過程中積極的推動作用、能動作用，體現出藝術美和現實美的辯證關係。

康德：論優美感與崇高感

2020 年 9 月 17 日，國家自然科學基金委員會公佈一起學術不端行為案件處理的決定，處理了中國科學院西北生態環境資源研究院的一位教授。他在 2013 年寫了一篇名為《生態經濟學集成框架的理論與實踐》的文章，在互聯網上引起爭論，成了一個笑話。在這篇文章中，他用了大量的篇幅來講他和他的導師、師娘的故事，講「導師的崇高感」和「師娘的優美感」，不遺餘力地讚美導師「胸懷博大，成為中科院院士已 20 年，『移山造海』的成果豐富，實乃國之棟梁，望之可讓人頓生一種崇高感」，稱師娘「雍容華貴，儀態大方，性格溫柔體貼，近處讓人能感到春草的芬芳，優美感四溢」。人們批評他拍馬屁，玷污了學術。在這裏，他

◎〔荷蘭〕梅因德爾特・霍貝瑪:《林陰道》,油畫,1689 年,英國國家美術館藏

用到的「崇高感和優美感」,實際上是借用了康德關於美的一個重要的概念範疇。

　　舉這個例子是想引出康德在 1763 年寫的一篇長文《論優美感和崇高感》。這篇文章有多個譯本,在新中國成立前就有一種譯本,之後至少有兩種以上的譯本。我現在給大家看的是何兆武先生的譯本。何兆武先生 1921 年出生,是西南聯合大學的學生,學術底蘊深厚。以前的譯本,翻譯的內容比康德的原文還要難懂,但何兆武先生的翻譯文字優美,令人回味。我們先來領略一下:

　　　　我們目前所要考慮的那種較精緻的感情,主要地是如下兩種:
　　　　崇高的感情和優美的感情。這兩種情操都是令人愉悅的,但卻是以
　　　　非常之不同的方式。一座頂峰積雪、高聳入雲的崇山景象,對於一
　　　　場狂風暴雨的描寫或者是彌爾敦對地獄國土的敘述,都激發人們的

歡愉，但又充滿着畏懼；相反地，一片鮮花怒放的原野景色，一座溪水蜿蜒、佈滿着牧群的山谷，對伊里修姆的描寫或者是荷馬對維納斯的腰束的描繪，也給人一種愉悦的感受，但那卻是歡樂的和微笑的。為了使前者對我們能產生一種應有的強烈力量，我們就必須有一種崇高的感情；而為了正確地享受後者，我們就必須有一種優美的感情。高大的橡樹、神聖叢林中孤獨的陰影是崇高的，花壇、低矮的籬笆和修剪得很整齊的樹木則是優美的；黑夜是崇高的，白晝則是優美的。對崇高的事物具有感情的那種心靈方式，在夏日夜晚的寂靜之中，當閃爍的星光劃破了夜色昏暗的陰影而孤獨的皓月注入眼簾時，便會慢慢被引到對友誼、對鄙夷世俗、對永恆性的種種高級的感受之中。光輝奪目的白晝促進了我們孜孜不息的渴望和歡樂的感情。崇高使人感動，優美則使人迷戀。一個經受了充分崇高感的人，他那神態是誠懇的，有時候還是剛強可怕的。反之，對於優美之活潑的感受，則通過眼中光輝的快樂，通過笑靨的神情並且往往是通過高聲歡樂而表現出來。崇高也有各種不同的方式。這種感情本身有時候帶有某種恐懼，或者也還有憂鬱，在某些情況僅只伴有寧靜的驚奇，而在另一些情況則伴有一種瀰漫着崇高計劃的優美性。第一種我就稱之為令人畏懼的崇高，第二種我就稱之為高貴的崇高，第三種我就稱之為華麗的崇高。深沉的孤獨是崇高的，但卻是出之以一種令人畏懼的方式……

　　崇高必定總是偉大的，而優美卻也可以是渺小的。崇高必定是純樸的，而優美則可以是着意打扮和裝飾的。偉大的高度和偉大的深度是同樣地崇高，只不過後者伴有一種戰慄的感受，而前者則伴有一種驚愕的感受。因此後一種感受可以是令人畏懼的崇高，而前一種則是高貴的崇高。埃及金字塔的景象，正像哈賽爾奎斯特所報道的那樣，要遠比人們根據一切描寫所能形成的東西都更加感動人，然而它那建築卻是純樸的和高貴的。羅馬的聖彼得教堂則是華麗的。因為在它那偉大而單純的規劃上，優美（例如金工和鑲嵌等等，等等）是這樣地展開的，從而使崇高感因之最能起作用，於是

這種對象就叫做華麗。一座武器庫必定是高貴的和純樸的，一座行宮必定是華麗的，而一座遊樂宮則必定是美麗的和精心裝飾的。

悠久的年代是崇高的。假如它是屬於過去的時代的，那麼它就是高貴的；如果它是展望着無法窺見的未來的，那麼它就具有某些令人畏懼的東西。一座最遠古的建築是可敬慕的，哈勒對未來永恆性的描寫激起人們一種溫和的恐懼，而對過去的描寫則激起人們目瞪口呆的驚訝。[1]

悟性是崇高的，機智是優美的。勇敢是崇高而偉大的，巧妙是渺小的但卻是優美的。克倫威爾說過，審慎乃是市長的一種德行。真誠和正直是純樸的和高貴的，玩笑和開心的恭維是精妙的和優美的。彬彬有禮是道德的優美。無私的奉獻是高貴的，風度和謙恭是優美的。崇高的性質激發人們的尊敬，而優美的性質則激發人們的愛慕。其感情主要地是來自優美的東西的人們，唯有在需要的時候才去尋找他們正直、可靠而熱心的朋友；但他們卻挑選與歡樂的、有風趣的和禮貌周全的夥伴們相交往。有很多人被人評價得太高了，而無法讓人親愛。他激起我們的敬仰，但他是太高出於我們之上了，使得我們不敢以親切的愛去接近他。

這兩種感覺都結合在自己身上的那些人將會發見：崇高的情操要比優美的情操更為強而有力，只不過沒有優美情操來替換和伴隨，崇高的情操就會使人厭倦而不能長久地感到滿足。[2]

這是康德前批判時期的文字，如此優美的敍述和康德批判時期晦澀的論述相比，簡直讓人難以相信出自一人之手。康德的理論有兩個時期，一個是前批判時期，一個是批判時期。他在前批判時期對於崇高和優美的認識和他後面講到的崇高和美的關係，在對美的認識上是有變化的。在《論優美感和崇高感》中，康德對崇高和優美的論述讓人覺得他講

1　〔德〕康德.論優美感和崇高感 [M].何兆武，譯.北京：商務印書館，2001:2-5.

2　〔德〕康德.論優美感和崇高感 [M].何兆武，譯.北京：商務印書館，2001:6-7.

的這些內容並不是枯燥無味的。何其芳曾經說康德是一個枯燥、無趣的人。康德的理論的確非常生澀難懂，但他在 1763 年寫的這篇文章竟然如此華麗優美，思想性也很強。這是康德在前批判時期的一篇很重要的作品。我們引述的這一節正面論述了優美與崇高的性質，語言雖然優美，但在思想上如蜻蜓點水，並沒有進行深入的分析和推理，它只是一個楔子。在這篇長文裏，康德要表達的內容主要有以下兩點：一是優美與崇高的對立與統一，二是強調美的主觀性。

何兆武說：「關於優美和崇高分野的界定，他（康德）只有寥寥數語：『美有兩種，即崇高感和優美感。每一種刺激都是令人愉悅的，但卻是以不同的方式。』『崇高感動人，而優美感則迷醉人。』『崇高必定總是偉大的，而優美卻也可以是渺小的。崇高必定是純樸的，而優美則可以是經過裝扮和修飾的。』[1] 優美可以是具有多樣性的，而崇高則始終是單一的。

何兆武清楚地講明了康德所論述的優美和崇高之間的關係：「優美和崇高的不同，在於優美使人歡愉，崇高使人敬畏，但是兩者卻不互相排斥，而是互為補充、相輔相成的。崇高如果沒有優美補充，就不可能持久，會使人敬而遠之而不是親而近之。另一方面，優美如果不能昇華為崇高則無由提高，就有陷入低級趣味的危險，雖則可愛但不可敬了。一切真正的美必須既崇高又優美，二者兼而有之，相映生輝。」[2]

下面我們來看康德關於美的一些主要的論述。在這之前，要給大家講一講康德的哲學體系，這是理解他對美的認識的一個基礎，他的哲學

1　〔德〕康德. 康德著作全集（第二卷）[M]. 李秋零，譯. 北京：中國人民大學出版社，2013:208-210.

2　何兆武. 一條通向康德體系的新路 —— 讀《論優美感與崇高感》[J]. 學術月刊，1995（1）:40.

思想與其對美的認識是有直接關係的。

康德出生於 1724 年，1804 年去世，享年 80 歲。他生活的時期正好處於德國啟蒙運動的高潮。從當時的啟蒙運動，到法國大革命，高潮迭起，但是德國因處於政治分裂的狀況中，各個小國和小城市閉塞孤陋。康德出生在普魯士西部一個名叫哥尼斯堡的偏僻小鎮。據史料記載，他一生只離開過哥尼斯堡一次，去了距離哥尼斯堡 100 千米遠的地方。從這以後，他一生都沒有離開過這個地方，並且終身未娶。在這樣的生活中，康德一直坐在書齋裏面玄想，幾乎感受不到即將或正在發生的大變革。他寫了那麼多理論著作，但不得不說有不少是脫離現實的，這也是他的思想不易被人理解的原因之一。但為什麼他又能引起那麼多人的重視呢？因為他建立起了自己的哲學體系，成為德國古典哲學領域重要的代表人物。德國古典哲學最重要的代表人物有兩位，一位是康德，一位是黑格爾。黑格爾的哲學體系相對來講比康德的要容易理解得多。

一、「三大批判」

> 有兩樣東西，我們愈經常愈持久地加以思索，它們就愈使心靈充滿日新又新、有加無已的景仰和敬畏：在我之上的星空和居我心中的道德法則。[1]

這是康德的一段名言，「在我之上的星空和居我心中的道德法則」尤其為人傳誦，也有人翻譯成「位我上者燦爛的星空，道德律令在我心中」。對這句話的理解，人們一方面覺得意味深長，另一方面覺得深不可測。其實，康德的這段話對於理解其哲學體系是有幫助的，他的哲學體系體現在他提出的「三大批判」上。他講的「兩樣東西」讓人充滿着敬仰

---

1 〔德〕康德.實踐理性批判[M].北京：商務印書館，2011:177.

◎〔英〕約瑟夫・瑪洛德・威廉・透納：《暴風雪——汽船駛離港口》，油畫，1842 年，英國泰特美術館藏

和敬畏，我認為這實際上與他的「兩大批判」密切相關。

哪兩大批判呢？康德「三大批判」中的第一部著作是《純粹理性批判》，主要研究認識論，研究人類在什麼條件下才能獲得知識。第二部著作是《實踐理性批判》，主要研究的是倫理學。「在我之上的星空」和認識論有關，「居我心中的道德法則」和倫理學有關，這段話的意思實際上和「兩大批判」有關，講的是認識論和倫理學兩大學術領域。康德的第三部著作主要是講美學的，叫《判斷力批判》。

這「三大批判」之間是什麼關係呢？簡單來說，康德試圖用《判斷力批判》這部關於美學的著作來聯結他的前兩部著作，即聯結關於哲學、

關於認識論的《純粹理性批判》和關於倫理學的《實踐理性批判》。他是怎麼聯結的呢？認識論是研究客觀發展規律的，倫理學是研究道德、研究善的哲學。這兩方面要靠什麼來調和呢？靠美來調和，也就是真、善、美的統一。這也即是我們通常講的知、情、意。知，就是認識；意，就是意志，是一種意志力，是倫理學；情，是情感。這三者與康德的三部著作相對應。康德把人的心理功能分成了知、情、意三個方面，他試圖用情感來調和知與意，用美學來調和認識論與倫理學，使之成為兩者之間的過渡，由此建立起他的完整的內容體系。康德承認知、情、意這三種心理功能之間的聯繫，但是在研究中又把它們嚴格地區分開來，三部著作也是把不同的研究對象區分開來進行分析。特別需要提醒大家注意的是，康德的研究對象，包括批判時期他寫的三部重要著作中的研究對象都不是客觀存在的，而是主觀意識，這是因為康德的哲學立場是唯心主義的，這是康德理論的一個重要特點。

　　康德的理論還有一個重要特點，他既承認經驗主義，又承認理性主義，但是最終是理性主義的。因為經驗主義是從物質世界、客觀世界來的，理性主義更多的是主觀的東西，由此可見康德還是偏重理性主義的。他試圖用批判（也有學者譯成「評議」）的方式在理性主義和經驗主義之間找到平衡點，來完成他設想的最重要、最完美的哲學體系，也就是「三大批判」。

二、物自體：康德的認識論的核心概念

　　下面給大家介紹一下康德《純粹理性批判》的主要內容。我做了一個簡圖，這其中一個重要的概念是「物自體」，還有一個概念是「現象」，認識主體是人。康德認為，人類的認識活動不僅必須先要假定有主體（認

識的主體）或自我，而且還必須同時假定有客體或對象，這就是在人的意識之外客觀存在的「物自體」，也即是在人的意識之外獨立存在的客觀物質世界。在這種形式下，康德把思維和存在、主體和客體假定為各自獨立、互不依賴、互不相干、二元對峙的東西。

　　那麼，人類認識的結果是在它們之間出現了一個和「物自體」根本不同的「現象」。康德認為，人和客觀世界是不直接發生關係的，客觀世界是不可能被認識的，是不可知的。「物自體」是客觀存在的，但不是科學認識的對象，屬於不可知的、彼岸的、超驗的東西。「物自體」屬於認識能力達不到的彼岸世界，只有現象是可以被認識的。但是大家需要特別注意，在這裏，現象是主觀的，不是客觀的。康德的所有研究對象都是主觀的，只有通過現象這個中介才能認識客觀世界，而現象恰恰也是主觀的。

　　這樣會推導出一個怎樣的結論呢？康德基於人類認識能力的限度這個觀點認為，人的認識能力是有限的，應把上帝從現象世界及科學認識的現實世界中趕出去，認為在科學認識的現象世界裏是沒有上帝的，但是又在不可知的「物自體」世界裏給上帝留下了地盤。他既肯定認識現象世界具有普遍性和必然性的科學知識是完全可能的，在現象世界裏進行科學認識是完全可能的，但又在科學知識達不到的「物自體」的世界

中給一些不可知的東西以及上帝、宗教留下了空間。這樣的結論不至於危及宗教信仰，體現出康德對當時社會現實的一種反應。

歸根結底，康德是把認識的內容和形式對立起來，從思維和存在、主體和客體的二元論出發來研究認識論的。他的整個研究轉動的軸心是要把「物自體」和現象根本分開。這種根本分開的後果使他得出人類只能認識具有主觀性的現象，客觀存在的「物自體」是不可知的，人類認識的能力是有限度的這些重要理論。

康德認為感性直觀是人類認識的第一階段和全部認識的基礎，從現象和「物自體」的關係來講，人類是需要感性直觀的。感性直觀是非常重要的，因為人類的認識只有通過感性直觀才能和對象發生直接關係，才能獲得認識對象，思維也只有通過感性直觀才能得到思維的材料。感性直觀的產生是對象及「物自體」作用於感性的結果，認識到這一點對理解康德關於美的認識是有所幫助的。他認為如果沒有對象作用於感性就體會不到對象，這其中有極其重要的唯物主義因素，有體現康德進步的地方。

他承認感性直觀和客觀事物發生關係才能產生認識，但是他又認為我們的研究對象 —— 現象是完全主觀性的東西，「物自體」是人不可以直接接觸的東西。所以康德的整個理論體系充滿了矛盾，在關於美的論述中也充滿了矛盾。他也講到過「二律背反」，但他所謂的「二律背反」用經驗主義的理論來看是對的，用理性主義的理論來看也是對的，但是二者放在一起就是不對的，就是有矛盾的。他的這種闡釋是為了調和經驗主義和理性主義的，但他所有的概念、所有的理論中都不可避免地充滿了矛盾，這是康德認識論的一個基本特點。

康德是18世紀末至19世紀初德國唯心主義辯證法哲學的創始人，他在形而上學的自然觀上打開了第一個缺口，為把辯證法引入自然觀開

了個頭。同時，他在形而上學的認識論上也打開了第一個缺口，為把辯證法和實踐引入認識論開了個頭。這裏面既有唯物主義的因素，也有辯證法的因素，但是總體上仍然是唯心主義的。

三、美

「位我上者燦爛的星空，道德律令在我心中」，認識論（真）和倫理學（善）兩大哲學領域的溝通和統一盡在《判斷力批判》這部著作中。這部著作是用情來聯結知與意的，是要讓判斷力在知解力和理性之間架起橋梁。為什麼這種判斷力（可理解為審美能力）能在知解力和理性之間架起橋梁呢？

康德說，這種判斷力既略帶知解力的性質，又略帶理性的性質，與情感既略帶認識的性質又略帶意志的性質的特質一致，因而可以在認識和意志之間架起橋梁。這也和審美活動既出自物質世界的必然，又體現了精神世界的自由，因而可以在兩種境界間架起橋梁相一致。《判斷力批判》這部著作填補了《純粹理性批判》和《實踐理性批判》所留下來的鴻溝。

《判斷力批判》一開始就指出，要把審美愉快和動物性的官能愉快、概念性的理智認識區別開來。所謂官能愉快是由感官獲得愉快而判斷對象為美。這個是動物都有的，不是人的特點。審美愉快不是這種性質，而是先判斷對象為美之後得到的愉快。審美判斷不同於認識中的邏輯判斷：邏輯判斷如「這朵花是紅的」或「這朵花是植物」，是用一個已知的一般概念（紅色、植物）去規定出現在眼前的個別事物；而審美判斷「這朵花是美的」，則是拋開一切既定的抽象概念，單從眼前的個別事物出發，去尋找和發現其中所包含的普遍性。這種普遍性也並非客體、對象的普遍性，而是一種「主觀的普遍性」，即「人人應當從心裏同意」的普

◎〔法〕奧斯卡·克勞德·莫奈:《睡蓮》,油畫,1904年,美國丹佛藝術博物館藏

遍性，這就是審美愉快。這種美感的產生具有普遍性，不是來自對不同個體的抽象概括，而是來自社會心理，來自人群的主觀判斷。

康德說審美判斷力就是欣賞、品鑒、趣味。他用認識論中知性的四種範疇，即質、量、關係、模式來考察審美判斷力。

質　「趣味是僅憑完全非功利的愉快或不快來判斷對象的能力或表現它的方法，這種愉快的對象就是美的」，即「非功利無利害的形式」。這是一種非功利、無利害關係的自由的愉快，它擺脫了利益、善和道德的考慮，而處在一種不受拘束、自由發揮的狀況之中。在這點上，康德批評了經驗派美學將美的快感等同於感官愉快的功利、道德愉快的觀點。

量　「美是無須概念而普遍給人愉快的」，即「無概念趨於普遍性」。這種愉快具有一種普遍性和共同性，但這並不是通過抽象概念的普遍性來達到的，而是通過共同的情感體驗直接形成的，是一種「主觀普遍性」。這就反駁了理性派美學使美脫離人的直接的感性愉快而加以研究的傾向，「美沒有對於主體的情感的關係自身就什麼也不是」。

關係　「美是對象的合目的性的形式，當它被感知時並不想到任何目的」，即「無目的的合目的性的形式」。正如一切愉快都來自目的的達到一樣，審美愉快也來自審美活動的「合目的性」的完成。不同的是，審美的合目的性並沒有一個具體的功利目的，它只是一種主觀「形式的合目的性」，也就是人的諸認識能力「好像」趨向於一個目的那樣，處在相互協調的關係之中，從而引起超功利的亦即自由的愉快情感。這一條從正面闡述了審美鑒賞的個體心理機制。

模式　「美是不憑概念而被認作必然產生愉快的對象」，即「共通感」（Gemeinsinn）。審美愉快的人類普遍性和共同性是必然的，但這種必然不是建立在概念和抽象教條的強制之上的，而是人類認識能力自由活動時所具有的必然性，它建立在人類情感本身的社會共同性即「共通感」

◎ 〔德〕卡斯帕·大衛·弗里德里希:《霧中大海上的徘徊者》(局部),
1818 年,德國漢堡美術館藏

◎〔美〕阿爾伯特・比爾施塔特:《優勝美地瀑布》,油畫,
1880 年,美國納爾遜藝術博物館藏

之上。美，它不是個體認為美就是美的，它是在「共通感」中必須包括所有人共同感覺的理念，也就是判斷功能。因為個人在反思中先驗地顧及所有人思想中的表象狀態，好像是為了將個人的判斷與人類的集體理性相比較，從而避免出於主觀自私條件的幻覺。這種「共通感」正是人的普遍必然的自由本性的體現。在這裏，康德提出了審美鑒賞的社會心理學原理。

　　概括地講，審美愉快來自非功利、無利害、合目的性的形式和無概念的「共通感」。但正是由於主觀和客觀的脫節，產生了審美有沒有普遍適用的美的標準的「二律背反」問題。經驗主義認為，審美不基於任何概念，只基於人的審美快感，是一種個人主觀的趣味，所以沒有一個普遍適用的美的標準，否則人們就可以通過論證和推理來判斷一個對象的美了。理性主義認為，審美一定基於一個美的概念，有一個普遍的客觀標準，否則那種純粹主觀個人的愛好就不能要求別人也同意，這樣一切文藝評論就毫無價值了。正是因為主體和客體、個體和社會的分割，康德再怎麼努力也調和不了經驗主義和理性主義的矛盾，解決不了「二律背反」的難題。雖然康德從感性與理性、主體與客體的相互關係中闡述美的本質，將經驗主義發現的美的感性形式與理性主義發現的美的理性內容結合起來，具有合理性，但他僅從主觀方面把握美的本質，將其歸結為審美的形式特徵，主客體的關係是對立的，根本上是唯心主義的。

四、崇高與美

　　康德在批判時期對美和崇高的認識和在前批判時期講的崇高和優美有些不同。他說：

　　　　美的愉快和崇高的愉快在種類上很不相同，美直接引起有益於生命的感覺，所以和吸引力與遊戲的想像很能契合。至於崇高感卻

是一種間接引起的快感，因為它先有一種生命力受到暫時阻礙的感覺，馬上就接着有一種更強烈的生命力的洋溢迸發，所以崇高感作為一種情緒，在想像力的運用上不像是遊戲，而是嚴肅認真的，因此它和吸引力不相投，心靈不是單純地受到對象的吸引，而是更番地受到對象的推拒。崇高所生的愉快與其說是一種積極的快感，無寧說是驚訝或崇敬，這可以叫做消極的快感。[1]

這一段論述了美和崇高的關係，我們在理解上主要把握三層意思：

一是美在對象，崇高只在主體的心靈。美在對象的形式，而且這種形式恰恰適合人的想像力的自由活動與和諧合作，因而產生愉快的感覺。而崇高是無形式的，不適應人的認識形式的功能，「對人的想像力仿佛在施加暴力」。這裏有一種讓人的生命力受到暫時阻礙的感覺，但是馬上就會有一種更強的生命力迸發，所以崇高更在於心靈、在於道德精神力量的勝利，更是主觀的。

二是美的觀賞者是平靜的，崇高的觀賞者是動盪的。「崇高感作為一種情緒……心靈不是單純地受到對象的吸引，而是更番地受到對象的推拒。」[2] 所以這種經過推拒之後的消極的快感，實際上是一種更能引起心靈震動的快感。

三是崇高的對象只屬於自然界，不在藝術作品中。在自然界裏面有兩種崇高，一種是數量的崇高，一種是力量的崇高。數量的崇高和康德前批判時期講的崇高和優美是完全不一樣的。剛才大家看到的那段文字在對崇高和優美的論述中提到了金字塔，金字塔實際上是人類的作品，但是在這裏，崇高不是人類的作品，不在藝術品中，而是完全在自然界中。在自然界中，數量上的崇高的表現就是無限廣大，如星空、大海、山

1　朱光潛.西方美學史（下）[M].北京：人民文學出版社，2004:367.

2　朱光潛.西方美學史（下）[M].北京：人民文學出版社，2004:367.

嶽，力量上的崇高就像烏雲密佈的天空裏挾着雷電、帶着毀滅力量的火山、颶風帶着它所摧毀的廢墟、巨大的河流與高懸的瀑布。

康德認為崇高和美是不同的，崇高只存在於自然界中，美還是對主觀形式和審美對象的契合。他進一步論述，由於自然對象的體積和力量超過想像力的掌握而令人感到恐懼，要求喚起理性理念，也就是通過人的倫理力量來掌握和戰勝對象，從而由對自然的恐懼、畏避的痛感轉化為對維護自身的尊嚴、勇敢的快感，即由痛感轉化為快感。他同時又認為崇高和美都不在客體對象，而在主體心靈，都不是客觀存在的，而是主體意識作用的結果，不具有客觀社會性，只有主觀社會性。由此可以看出，康德的思想總是處在矛盾中，就是因為他總是搖擺於經驗主義和理性主義之間，總試圖調和這兩個東西，但他又調和不了，所以他有很多論述是前後矛盾的。在康德那裏，由美到崇高，是認識到倫理在審美領域中的過渡，這就是《判斷力批判》的意義所在。

五、純粹美與依存美

純粹美（有的著作也譯成「附庸美」）和依存美關聯自然美和藝術美的關係，這是康德關於美的比較重要的論述的第五個方面。康德講純粹美如花鳥貝殼、自由的圖案畫、框緣或壁紙上的簇葉裝飾，以及無標題、無歌詞的音樂。這些都是純粹的形式美，不含內容。純粹美只是形式美，充分利用了美之為美的標準：非功利、無概念、無目的。

依存美是依存於一定概念的有條件的美，具有可認識的內容含義，從而有知性概念和目的可尋。它包括了幾乎全部藝術和極大一部分自然物的美。這種美以目的概念作為前提，受它的制約，具有道德的、功利的社會客觀內容。這裏不僅有審美的愉快，還附加了理性或道德的愉

快，是「趣味與理性的統一」，即美與善的統一。

　　純粹美只是形式，依存美含有理性內容，藝術的本質是依存美而不是純粹的形式美，這是康德對純粹美和依存美的理解。

　　關於自然美和藝術美，康德說：「一項自然美就是一種美的事物，藝術美卻是對於一個事物所作的美的形象顯現或描繪。」[1] 他講「藝術美卻是對於一個事物所做的美的形象顯現或描繪」，其實就是說藝術創作的過程是把美的形象顯現或描繪出來，所以他的藝術美的明確含義是藝術美是能動的，也是要經過主觀加工的。他說：

　　　　美的藝術顯示出它的優越性的地方，在於它把在自然中本是醜的或不愉快的事物描寫得美。例如復仇女神、疾病、戰爭的毀壞等等（本是些壞事）可以描寫得很美，甚至可以由繪畫表現出來。[2]

　　康德說藝術美是高於自然美的，是有人的能動性的。這裏隱含了他對自然的認識，但他又不承認客觀世界是可知的，所以這本身也是一對矛盾。進而他講到美和理性的關係，從內容方面看「美是道德的象徵」，同時他講了一個概念「第二自然」，這種藝術創造的「第二自然」就是讓藝術顯得不像人為的。這和中國藝術創作中言猶未盡的「意會」有一定相通之處，其目的不是直接表露出來的，而是如自然那樣，是一種無目的的合目的性的形式，能引起審美感受，同時又表明這是人為的藝術品，這種感受因而更具有知性的目的興趣，不同於自然美、形式美。以上可以看出他進一步肯定了藝術創造的特性。

1　〔德〕康德. 康德著作全集（第二卷）[M]. 李秋零，譯. 北京：中國人民大學出版社，2013:208-210.

2　〔德〕康德. 康德著作全集（第二卷）[M]. 李秋零，譯. 北京：中國人民大學出版社，2013:208-210.

六、天才

　　康德講的天才有兩大特點：不可模擬的獨創性與有普遍意義的典範性。他認為在科學界沒有天才，只有藝術界有天才。按照他的理論，科學是依靠邏輯推演出來的，藝術主要是靠主觀想像來產生的，在藝術創作中通過無法之法及無目的的合目的性的審美形式來展現道德理念。藝術創作具有獨特的心理功能，只有天才在藝術創作中才能通過他的無法之法來表現道德內容，這和中國傳統藝術講的「無法之法」是相通的。

　　天才具有獨特的心理功能，但是在天才和美的形式（即趣味的形式）之間如果要捨掉一個的話，會捨掉哪個呢？康德認為，「在天才（想像力）與審美趣味（判斷力）不可得兼時，應該割愛的倒不是審美趣味而是天才」[1]。因為天才主要體現的是理性內容，趣味主要體現的是美的形式，但是沒有趣味就缺乏審美形式，根本不可能成為藝術品，沒有天才，還可以是缺乏生命力量和內在精神的藝術品。他關於天才的理論實際上是把內容和形式割裂開來，內容只有天才（想像力）提供，形式只有審美趣味（判斷力）來提供，因而美能僅在於形式而不涉及內容，無功利、無概念、無目的。但天才提供的內容，卻又是美的藝術所不可缺少的部分。

　　康德的美學思想是關於美的理解最艱深的理論，關鍵在於其搖擺於經驗主義和理性主義之間，本身就具有不可調和的矛盾。康德在純粹美與依存美、美和崇高、審美和藝術、趣味與天才，即形式與表現的對峙中，深刻地體現了美的矛盾。這個矛盾在康德的理論中是不可調和的。

1　朱光潛.西方美學史（下）[M].北京：人民文學出版社，2004:382.

一方面，他認為美是非功利、無概念、無目的的合目的性，即純粹美，這是審美趣味的本質特徵。但另一方面，真正具有更高的審美意義和價值的卻是要有一定的目的、理念、內容的依存美。崇高、藝術和天才是感性到理性的過渡，後者使自然（感性）到倫理（理性）的過渡成為可能。他甚至講依存美才是美的理想。但是，康德關於真、善、美統一的思想仍是牽強的，認識通過審美過渡到道德仍然存在巨大的鴻溝，關鍵原因是康德仍然沒有發現美的本質。

人們一般認為，康德是真正將美學推向一門獨立學科的人。他將理性引入美學領域，認為審美判斷是知性和想像力的統一。而接下來要講的黑格爾美學則達到了最高的形而上學表述，他認為美是理念的感性顯現。藝術美是由心靈產生和再生的，藝術美是高於自然美的。而且，隨着社會的發展，哲學、宗教終將代替藝術進入新的階段。

本章小結：美是什麼

通過上面的學習，我們可以試着給美下一個定義。

美是什麼？美是人產生情感愉悅的內容與形式有機統一的實踐成果。

這個定義表達了三層含義：

首先，美是實踐的成果。實踐是客觀的、具體的，這是貫穿着馬克思主義的基本思想。美是實踐的產物，但是它又是人的主觀能動性的一種成果。

其次，美的直觀感受是一種愉悅的感受。崇高是經過痛苦之後達到了愉悅，最終也是一種愉悅的感受。荒誕和滑稽也是一樣的，最後還

是給人一種愉悅的感受，都屬於美的範疇。沒有愉悅的感受，就不是美的。刺激是不是美呢？不一定，要看它能不能產生愉悅的感受。痛苦的東西也能產生刺激，悲劇的痛苦刺激可以產生美，手術刀的痛苦刺激卻不一定能產生美。因此愉悅的感受是美的一個重要特點。

最後，美是內容和形式的有機統一。很多早期的哲學家都在講美在形式，認為形式是美的表現，空間、佈局、和諧、比例、大小、光影這些都是形式。但是這些形式到底能不能反映內容呢？不能反映內容的形式不是美，僅有內容而沒有完美的形式來表現，也不是美。

第二章

中西之美的源泉——大地與海洋

命根子

　　這一章講中西之美的源泉 —— 大地與海洋，它們就是中西文化的命根子。下面主要從古代中國和古希臘講起。因為不管是中國的傳統還是西方的傳統，一直到現在，這兩個傳統本質上都沒有太大變化，特別是對美的一些認識。關於西方，這裏主要以古希臘為例。在中國和西方，人們生存的命根子分別是什麼？在中國，生存的命根子就是土地，生存和土地密切相關。《論語·憲問》裏面有這麼一句話：「禹、稷躬稼而有天下。」這裏的稼是莊稼的稼，就是說在土地裏勞作才得到了天下。中國是靠農業、靠土地發展起來的，它的主要特點是自給自足，「日出而作，日入而息」。大一統的華夏帝國在與土地緊密的依賴關係中取得了強大的聚合力。皇帝稱自己的國家為社稷，社就是土地，稷就是莊稼。從封建社會的整個歷史上看，中國的根本問題就是土地問題，中國的政權就是土地政權，中國的戰爭就是土地戰爭。

　　費孝通有一本書叫《鄉土中國》，講了中國的鄉土社會，認為鄉土的「土」是最有特點的。中國人自始至終都帶有泥土的氣息，「土」可以說是一切的源頭。從中國的情況看，一個民族或國家的擴張，大多採取的是融合的方式，和古希臘通過戰爭毀滅對手的方式是不同的。在中國這塊土地上的擴張、融合與征服是緊密聯繫在一起的，這和土地這個命根子是密切相關的。

　　在古希臘，荷馬的《荷馬史詩》對民族、城邦間的征服作了一些明確詳細的記載。在荷馬的筆下，希臘的英雄們遠渡重洋去攻佔另一個城堡，他們的這種征服行動天生帶有毀滅性質。為什麼這麼講？因為他們對土地的依賴性沒有那麼強。公元前 1600 年前後，邁錫尼人用先進的鐵

器征服了處於新石器時代和青銅時代的希臘土著，並以邁錫尼文化取代了克里特文化。邁錫尼人的征服完全是外來者對一個高度發達的民族文化的毀滅和破壞，具有襲擊和掠奪的性質。對於動盪的生活和冒險的生涯，邁錫尼人有天然的適應能力。甚至有學者認為，希臘的神並不自命為世界的創造者，他們認為自己要做的就是征服世界，而征服的手段就是毀滅。他們就是在這種情況下充分利用希臘半島極為有利的經商和航海條件，最終發展起了商品經濟。

簡而言之，兩種不同文明賴以生存的命根子，一個是土地，一個是海洋。中華大地上上演的都是融合式的征服，即使是元朝和清朝對中國的統治，也不得不用融合的辦法，因為他們對土地的依賴性非常強。在此情況下，產生的經濟形態就是自給自足的自然經濟，而不是以交換為手段的商品經濟。這種經濟組織方式對中西文化的影響也是深遠的。

怎麼組織起來

第二個問題給大家介紹一下古代中國和西方，特別是以古希臘為代表的西方，是怎麼組織起來的。中國是怎麼組織起來的，大家比較熟悉。古希臘是什麼情況呢？《古代的希臘和羅馬》這本書詳細講了雅典公民會議召開的情形。

雅典的最高權力機關是公民會議。公民會議的開會地點在雅典衛城以西的一片空場上。大約在每三十六天中，公民會議循例要在這裏開四次會議。開會的通知一般在會前的五天就公佈在市場上。將要在會議上討論的提案，也在同時公佈。遇到非常緊急的臨時會

議，這些形式上的手續都可以不必拘守。只要派幾名傳令吏在街上大聲喊叫，或是在市場上燒起一炷狼煙，人們就知道公民會議是在召喚有公民權的人去討論緊急問題了。

公民會議的場所沒有座位，參加會議的人都坐在向着講台微微傾斜的地面上。因為會場的地面有着這樣一個微微的坡度，所以即使坐在最後面的人，也可以看到講台上的發言人。講台是由一塊巨石鑿成的，兩面都有台階。在講台的前面，有一個小小的祭壇。每逢會議開始，祭壇上就宰一頭乳豬。一個宗教執事拿着乳豬在會場上繞行一圈，據說這就可以祛除不潔。在講台偏後，平放着幾塊木板，那就是主席團的座位。講台上還有一張精緻的椅子，是專為主持會議的人設置的。此外，會場上沒有其他的陳設。人們抬起頭，可以看到澄藍的天幕，一邊是衞城上的壯麗的廟宇，一邊是遠遠的捲起銀色浪花的海岸。就在這樣簡樸的會場上，雅典的奴隸主以及與奴隸主利害相連的一般公民經常來傾聽政客的辯論和演說，表決由五百人會議預備好了的提案，選舉國家的官吏，制定法律，決定戰爭與和平。

會議一開始，照例由傳令吏宣讀經過五百人會議審核過的提案。雅典的官員和演說家一般都有過在廣大會場上發言的訓練，他們響亮的嗓音可以清楚地傳到會場的每一個角落。提案宣讀以後，會場上頓時沉靜了下來，人們在等候一場激烈的辯論。

這時傳令吏又扯開了喉嚨，問：「誰要發言？」接着一個支持提案的人走上講台了。他多半是群眾所熟悉的人物，支持他的為他鼓掌，反對他的發出嘲弄的聲音。當他登上講台，主席傳給他一個月桂花冠，這個花冠等於是大會的發言許可證。他接了花冠，戴在頭上，然後就滔滔不絕地雄辯起來了。當他講到緊要的關頭，台下的同情者就報以歡呼，反對者則高聲怪叫。他的結束語往往是一個莊嚴的宣誓，表白他的一切理由都是為了雅典的幸福：「皇天后土，實鑒此心！」等他走下了講台，傳令吏又高呼：「有誰發言？」這時，反對提案的人出場了。他也走上講台，戴上花冠，跟着又是一篇動

人的演說。如此正反兩方可以輪番爭辯下去，會場上也起伏着聽眾
的喧囂。但是在同一提案的辯論中，任何人不得作兩次發言。等雙
方的意見說完了，主席就宣佈表決。估計會遭到失敗的一方，這時
往往會以「聽見打雷了，天要下雨了」這類不吉之兆為藉口，要求
休會，希望在休會後重新組合力量，準備再來一次辯論。如果真的
聽見了雷聲，有了雨意，這個要求休會的理由就可能被接受。但是
害怕表決的人並沒有呼風喚雨的神通，主席看看晴朗的天，可以拒
絕休會的要求，照樣進行表決。一般提案的表決多半是用舉手的方
式，有關個人的選舉或放逐，則多用投石或其他票決的方式。從討
論到表決，常常要費去一個早上的時間。表決以後，傳令吏在主席
的示意下宣佈散會。[1]

　　這就是雅典公民會議的決策過程。這個程序裏面雖然有相當的隨意
性，但也有完整的組織程序。直到現在，西方社會還在沿用這種組織機
制，只不過更加周密了。這是因為古希臘的奴隸社會比較徹底地清算了
氏族社會的傳統，奴隸主之間享有大致平等的關係，民主制度得到了充
分發揮。亞里士多德認為「人天然地是一種政治動物」或「天然是城市的
市民」。他說的這種關係就是平等的公民關係。古希臘的奴隸社會繼承了
古代氏族社會的自然生長的民主制，同時又打破了以氏族血緣關係為基
礎的部落劃分，取消了氏族貴族的特權。古希臘和中國古代最大的不同
就是，前者人與人之間的關係不再主要以氏族血緣關係為基礎，而是享
有一定政治權利的公民之間發生的，包括政治、法律、經濟、文化、社會
等多方面複雜的關係，是一種平等、民主的公民權。

　　而中國古代，由氏族社會進入奴隸社會之後，人與人的關係變成了
統治與被統治、剝削與被剝削的關係，但這種關係仍然同基於氏族血緣

1　吳於廑.古代的希臘和羅馬 [M].北京：生活・讀書・新知三聯書店，2012:72-74.

的宗法關係聯繫緊密，一直到封建社會依然如此。這個時期，在社會各階級中普遍存在一整套和氏族血緣分不開的以三綱五常為核心的君臣、父子、夫婦等典型的社會關係，在政治經濟地位上劃分出了不可僭越的等級制度。統治者和被統治者之間的關係，除了政治經濟關係以外，還同時帶有濃厚的宗法色彩及以上下尊卑為核心的親族關係。中華民族是最重視倫理道德作用的民族，血緣宗法關係、倫理道德是維持政治經濟關係的主要紐帶。所以費孝通講中國人的關係呈現出一種「差序格局」，就是每個人都是一個中心，周圍圍繞着他的各種關係，就像一個石子丟到池塘裏泛起的一圈圈波紋，表現出以血緣為核心的遠近親疏。而費孝通講西方人的關係，就好像捆在一起的柴火棍，每個人之間不是像波浪一樣的一層一層由近及遠的關係，而是所有人都是平等的，都是個體與個體之間的關係，人與人之間沒有那麼複雜的聯繫。

費孝通的這個比喻多麼形象！中國和西方的古代社會就是這麼組織起來的，至今在很多地方都能找到這種組織形式的影子。所以我們要試圖改變傳統，是非常困難的！

美的傳統

第三個問題是美的傳統。中西方美的傳統是不一樣的，差別非常大。中國從春秋戰國以來，從奴隸社會進入封建社會之後，意識形態上並沒有明顯差異，對美的認識一脈相承、大致相同，來源於奴隸社會和封建社會某些共同的基本特點。美是意識形態的一部分，這是研究這個問題的基本出發點。

　　中國不僅從物的屬性上去尋找美，而且還從我與物的精神關係上去尋找美。從物質屬性上尋找的美無非就是均衡、對稱的形式上的美，但是中國的美還要從我與物的精神關係中尋找，把美看作一種生活的境界、令人忘懷一切的特定情境，這和古希臘的傳統是不一樣的。古希臘的傳統是天然素樸地把美看作物所具有的屬性，由此產生的美是對自然的模仿。在柏拉圖那裏，美則是對理念的模仿，永遠是靜止不動的，是一種永恆的絕對。模仿是對理念的達到和觀照，也就是對絕對的美的達到和觀照。這就是柏拉圖的代表性學説 —— 模仿説和理念説。古希臘強調美同科學以及認識的關係。康德也把美作為認識和倫理之間的一個橋梁，特別強調美在認識上的作用。

　　中華之美則特別強調美在情感方面的影響和感染，這和西方不同。到了魏晉時期，又把對人的精神自由的追求放在了首位，對自由的追求也體現在中華傳統之美中，這是在美的傳統方面中西方明顯不一樣的地方。為什麼不一樣呢？要從中國和西方的宇宙觀説起。

　　宇宙這個詞在希臘有和諧、數量、秩序的含義。著名的畢達哥拉斯的「數」，就是以「數」為宇宙的原理。他發現宇宙的祕密一面是數的永久定律，一面是至美和諧的音樂。弦上的節奏是橫貫全部宇宙之和諧的象徵。他認為美就是數，數是宇宙的中心結構，藝術家是來探求宇宙祕密的，這是古希臘宇宙觀。這裏還有一個更加明確的敍述，古希臘人的心靈所反映出的世界是一個宇宙，這個宇宙是圓滿的、完成的、和諧的、秩序井然的。這個宇宙是有限而寧靜的。人作為個體，是大宇宙中的小宇宙，他的和諧、次序也是宇宙精神的反映。古希臘藝術品的美最終反映到雕塑上，特別是人體雕塑上。古希臘人認為人體形象就是神的象徵，以和諧為美。古代中國的宇宙觀其實很簡單，就是天人合一。

　　美的傳統的基本出發點也來自對於宇宙的不同認識，由此產生了一

些對美的具體影響，主要表現在幾個方面：第一個方面，古希臘人認為形式和諧、自然模仿是傳統美的中心觀念，而中國則認為情感是傳統美的中心觀念；第二個方面，西方人更注重個體，中國人則更注重群體的生活；第三個方面是西方人重視契約，中國人重視禮樂。在美的藝術表現上，西方人注重雕塑和建築，而中國人注重音樂。在中國古代就有《樂記》《樂論》，孔子對音樂也有大量的論述。西方表現出來的美的特點是重科學，因為它比較重視和認知的聯繫，所以重科學、重理性、重觀察，重再現、重模仿、重形式；而中國則是重倫理、重情感、重體驗，重表現、重意境、重神似。這是中西方美的傳統的一些重要區別。

各用一個字概括中西方之美

一、什麼樣的字符合要求

這一個字，至少要符合六個要求：

第一個是這個字要體現情感，最好是帶豎心旁或是心字旁的字。

第二個是要體現人與自然、社會的聯繫。

第三個是要能普遍適用於不同環境、不同對象、不同層次。

第四個是要有言猶未盡、不言之言的感覺，不能完全說透說白。

第五個是不能僅是觀念，還要有一定的具象性。

第六個是要易於理解，不生僻。

二、這個字是什麼

圍繞這六個要求，應該用哪一個字來概括中華之美呢？日本著名的

民藝學家柳宗悅對日本的文化之美，特別是工藝之美的概括，也用了一個字 —— 澀，苦澀的澀。這個概括很好，當時他的目的就是用最普通的詞語表達深沉的美。他講：「澀，有發澀的味道在裏面，有枯幹的聲音在裏面，還有靜態的紋樣在裏面。」他說，如果再加上一個「寂」字，就是日本最寶貴的美的財產了。「寂」有靜寂、清幽的意思。

那麼我們應該用什麼字概括中華之美呢？

大家看，這是一個四合院的平面圖。四合院是中國傳統建築，其實在北方的一些地區，特別是在北京，像這種帶院子的建築還是很普遍的，當然，南方也一樣。中國人都比較喜歡院子，包括皇宮，都是必須有院子的。

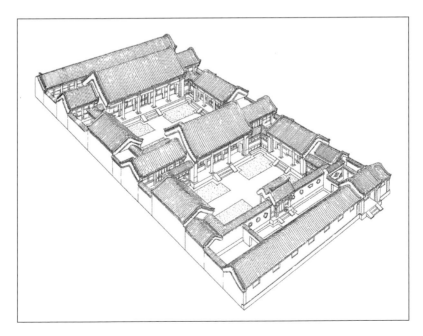

◎　四合院平面圖

下面是倪瓚的一幅畫《六君子圖》，這是比較著名的一幅作品，它表達的是什麼意思呢？還有幾首大家比較熟悉的歌，一首是《駝鈴》，講的是戰友送別的情誼，一首是 20 世紀 80 年代轟動一時的電視劇《渴望》的主題歌，另外兩首是最近抖音上比較火的，一首叫作《少年》，一首叫作《先生再見》。

除了歌曲之外，還有大家耳熟能詳的名句名言。

子在川上，曰：「逝者如斯夫！不捨晝夜。」

——《論語·子罕》

夕陽無限好，只是近黃昏。

——〔唐〕李商隱《樂遊原》

微斯人，吾誰與歸？

——〔北宋〕范仲淹《岳陽樓記》

故國神遊，多情應笑我，早生華髮。人生如夢，一尊還酹江月。

——〔北宋〕蘇軾《念奴嬌·赤壁懷古》

日午畫船橋下過，衣香人影太匆匆。

——〔清〕王士禎《冶春絕句》

鷹擊長空，魚翔淺底，萬類霜天競自由。悵寥廓，問蒼茫大地，誰主沉浮？

—— 毛澤東《沁園春·長沙》

中國人講究有天有地，但是院中四面都是圍牆，就會有被囚禁的感覺。那為何中國人還是喜歡這種感覺，被囚禁的時候是一種什麼心情？《六君子圖》給人很枯、很靜、很遠的感覺，那麼觀者又是一種什麼樣的心情？還有那些歌，送別、思念、遺憾、懷想……是一種什麼心情？

它們有什麼共同點？用一個字概括就是 —— 悵。

悵是不如意、失意的意思，而這種失意是微微的失意、淡淡的遺憾，但失意中透着希望，灰暗中透着光明。

《現代漢語詞典》中，「悵」字下列舉的詞條並不多。一個是「悵悵」，

形容因不如意而感到不痛快；再一個就是「悵然」，悵然若失，形容心情失落的樣子；再有「悵惘」，就是惆悵、迷惘，或指心裏有事，無精打采；還有一個是「悵惋」，就是惆悵、惋惜之意。和「悵」組成的詞都有失意、傷感的意思，所以如果我們把「悵」作為對中華之美的一種概括，恐怕至少要有三層意思。第一層意思是一定要產生共鳴，它不是你一個人的想法，要能激發人不如意、微微傷感的情緒。我把這歸納為同情之美，要有同樣的感受，這體現的是情感相通的魅力。古往今來，是不是這種同情對人的心理影響更大一些？這實際上是中華民族千百年來的思想積澱和情感積澱。第二個層次是殘缺之美。殘缺，就是不完整，如此才能激發人的想像力。失意，就必然有殘缺的地方。第三個層次是遺憾之美。殘缺之美主要是講物質的，遺憾之美主要是講感情的，這裏更能激發人對完美的執着追求。

比如陳子昂的《登幽州台歌》：「前不見古人，後不見來者。念天地之悠悠，獨愴然而涕下。」這幾句耳熟能詳的詩句給人傳遞了什麼呢？實際上直觀地反映了作者當時仕途上的鬱鬱不得志，也就是失意，是「悵」的感受。但是他的重點是把個體的感受融入天地古今之中，把自己融入所能夠肩負的歷史責任之中，將個人命運和國家的盛衰結合在一起，這是這首詩最重要的價值。雖然全詩有悵然之感，但總體還是向上的，體現了作者要承擔歷史責任的追求。

還有一個例子是禪意裏的「悵之美」：

> 僧家竟何事，掃地與焚香。清磬度山翠，閒雲來竹房。身心塵外遠，歲月坐中長。向晚禪堂掩，無人空夕陽。
>
> ——〔唐〕崔峒《題崇福寺禪院》

這裏的關鍵是後兩句，臨近晚上的時候，禪房的門很可能是虛掩的，無人的院子裏只留下夕陽。這種惆悵的情緒讓人感懷難忘，使這首

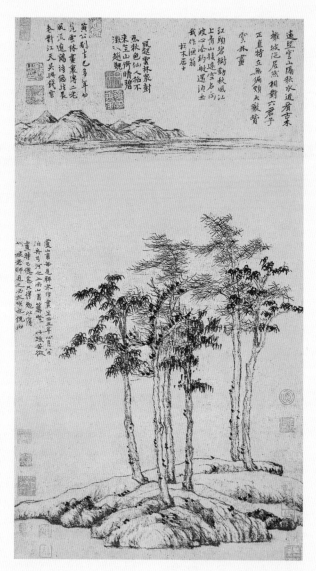

〔元〕倪瓚：《六君子圖》，紙本水墨，上海博物館藏

◎〔北宋〕汝窯青釉奉華紙槌瓶，台北故宮博物院藏

詩成為傳誦千古的名篇。

再來看一看現代詩：

> 你站在橋上看風景，看風景的人在樓上看你。明月裝飾了你的
> 窗子，你裝飾了別人的夢。

—— 卞之琳《斷章》

這裏也反映了欲得不能又欲罷不能的感受。實際上，這種悵然的感受和中國的美也是結合在一起的。

三、西方之美是哪個字

如果是用一個字來概括西方的美，特別是現代西方的美，我想應該是「快」，快感的快。這裏的「快」不僅體現了現代西方生活、生產節奏的「快」，更深層次的是追求毀滅性的快感、激烈衝突中的快感。比如2020 年 1 月 3 日美國對伊朗軍事領導人蘇萊曼尼發動的「斬首行動」，就體現了一種以美國為代表的毀滅性的快感。這種快感是建立在侵略與報復基礎上的。

如果追溯「悵」和「快」的來源，我覺得從中國來講，可以上溯到「溫」，即溫和敦厚，這是中國傳統之美的根本特點。西方的「快」往上走，就是「冷」，靜穆莊嚴的「冷」。那一尊尊雕塑、一座座聳入雲端的教堂，無不讓人打個冷戰。中國的美往下來，就是「樂」，快樂的樂，雖然有點惆悵，有點失意，但還要去追求快樂和理想。西方的美再往下來是「悲」，悲劇的悲，這和西方的「罪感文化」是分不開的。關於罪感文化，《聖經》上講上帝造人之後，人背叛了上帝，被逐出了樂園。這個時候人要和命運抗爭，即要為贖罪而奮勇鬥爭，征服自然，改造自己，再得到神的眷顧，回到上帝的懷抱。這就是所謂的「罪感文化」，體現了一種憂患意識。

　　李澤厚 20 世紀 80 年代寫了一篇文章叫《中國人的智慧》，提出一個概念叫「樂感文化」，對應的就是西方的「罪感文化」。他在定義上講得不是特別清楚，但中國古代思想家對此的相關描述非常多。比如：

　　有朋自遠方來，不亦樂乎？

——《論語·學而》

　　發憤忘食，樂以忘憂，不知老之將至云爾。

——《論語·述而》

　　飯疏食飲水，曲肱而枕之，樂亦在其中矣。

——《論語·述而》

　　一簞食，一瓢飲，在陋巷，人不堪其憂，回也不改其樂。

——《論語·雍也》

　　這體現了人的身心與宇宙、自然的合一，不管遇到什麼困難，「雖千萬人吾往矣」。而在西方，靈魂最終都要回到上帝的懷抱，犯了錯就要贖罪。所以總結起來，中國人是溫－悵－樂，西方人是冷－快－悲。

中西之美哪一個會走得更遠

　　中西之美哪一個會走得更遠？這還要看整個社會經濟、政治的綜合發展。在幾千年的歷史中，實際上中國和西方是交錯領先的。當我們的祖先在黃河流域創造了燦爛的文化時，古希臘人還漫無目的地遊蕩在歐洲大陸上。之後古希臘、古羅馬奴隸社會的文明，特別是在科學認識方面領先於我們，中國在這個時候前進得很慢。再往後，西方迎來了近千年的黑暗中世紀，而中國迎來的是封建社會的繁榮發展。中世紀終結後，西方迎來了資本主義的迅猛發展，在經濟、科學技術、文化、社會等

◇〔明〕項聖謨:《秋景圖》,紙本設色,美國大都會藝術博物館藏

方面率先進入了現代化，而中國從 1840 年以來，一直在現代化與傳統的融合上不斷摸索、不斷進步。

那麼，按照這個起伏的規律，下一個發展的是不是就是我們？我們還要等多久？

印度詩人泰戈爾有一段話，講得挺有意思。

　　世界上還有什麼事情比中國文化的美麗精神更值得寶貴的？中國文化使人民喜愛現實世界，愛護備至，卻又不致陷於現實得不近情理！他們已本能地找到了事物的旋律的祕密。不是科學權力的祕密，而是表現方法的祕密。這是極其偉大的一種天賦。因為只有上帝知道這種祕密。我實妒忌他們有此天賦，並願我們的同胞亦能共享此祕密。[1]

他說中國人已本能地找到事物的旋律的祕密。這個祕密是什麼呢？其實就是天人合一，是人與自然、社會的和諧。他說這個祕密只有中國人找到了。

泰戈爾認為，中華民族已找到了美的祕密，這個祕密的發現，在經濟發展的同時，更多地體現出情感對人的滋潤。這種滲透在生活裏的禮樂秩序，深埋在內心的仁義道德，潛移默化地維護着人自身，讓人和自然、社會和諧相處。

在中華民族偉大復興的歷史時期，中華之美成為深層驅動力。相較於獲得「科學權力的祕密」的西方人，我們有民族之美所具有的心理積澱優勢，但這種優勢能不能發揮更大的影響力，從未來一個較長時期看，仍有賴於中西交流、融會貫通、取長補短，有賴於每個人的自由、創新、完善，有賴於中華民族的兼容並包、乘風破浪、艱辛奮鬥。

1　宗白華 . 藝境 [M]. 北京：商務印書館，2017:207.

第三章

美在古希臘：大海與星空

神奇的古希臘

　　說到美，不能不提以中國為代表的東方，也不能不提以古希臘為代表的西方，我們這本書也正是緊緊圍繞這兩大文明展開的。美，是一個無時無刻不縈繞在我們身邊卻又帶着深奧思辨色彩的話題。所以，我們先來探討古希臘之美。

　　雕塑作品《貓頭鷹》的作者是弗朗索瓦‧蓬朋。蓬朋曾做過羅丹的助手。這件作品是蓬朋的代表作之一。從這件複製品可以看出貓頭鷹的神采，如它那蹲坐欲飛的姿態和犀利的眼神。今天我們不是講雕塑，而是講一講神奇的貓頭鷹。

　　黑格爾說：「密涅瓦的貓頭鷹要等黃昏到來，才會起飛。」這是什麼意思呢？密涅瓦是古羅馬的智慧女神。貓頭鷹在古代是一種智慧的象

◎〔法〕弗朗索瓦‧蓬朋：《貓頭鷹》，青銅雕塑，1923 年，法國奧賽博物館藏（此作品為複製品）

徵，寓意哲學是一種沉思的理性，是一門反思的學問。貓頭鷹為什麼在黃昏時起飛呢？白天其他鳥兒飛行的軌跡被貓頭鷹看到了，貓頭鷹在黃昏時起飛，就能夠根據其他鳥兒飛過的路進行新的探索。白天鳥兒飛過的路是什麼呢？是知識和思想。晚上的貓頭鷹才是沉思和反思的象徵，寓意哲學是「思想的思想」，是「對認識的認識」。

　　講到美，不能不簡單講一下哲學。哲學就像黃昏時欲飛的貓頭鷹，它是對認識和思想的再思考。用比較學術化、概念化的方式來說，哲學是以理論形式表現的世界觀，是以理論思維形式表現的人們對自然、社會及思維領域最一般規律的認識。美是哲學研究的範疇，是哲學的一部分，也是哲學研究的一個重要對象。

　　古希臘的哲人們就像是黃昏時振翅欲飛的貓頭鷹，他們的思考和探索對歐洲乃至西方文明的起源產生了深遠的影響。那麼讓我們先來看一看古希臘這塊神奇的土地。

一、古希臘這塊神奇的土地

　　神話是古希臘這塊土地神奇的基因。希臘神話是世界級的文化遺產，它不但承載了人們的無數幻想，也描述了早期人類的生活狀態。古希臘作為歐洲文明的發源地，最早是通過神話故事裏為大眾所知。

　　希臘有一座奧林匹斯山，山上住着眾神，他們的首領叫宙斯。宙斯負責管理眾神，也負責管理人間的各種事務。有一天，他看到人間有一個漂亮姑娘正和一群女孩子玩耍，這個姑娘是腓尼基國王的女兒，叫歐羅巴。腓尼基位於今天地中海東岸的黎巴嫩。宙斯看到歐羅巴美麗又可愛，想娶她為妻，就變身為一頭公牛，要把歐羅巴馱回來。

　　當姑娘一爬上公牛的背，公牛就狂奔起來，「它躍進大海，像海豚一樣在蔚藍的大海中飛快地游動。海浪為公牛闢開一條路，水珠像金剛石

一樣從公牛身上滾落下來，並不濺濕歐羅巴。美麗的海中神女們從海的深處浮上水面，聚在公牛四周，跟着它游動。海神波塞冬在眾多海神簇擁下，坐車馳在最前頭，他用三叉戟削平浪頭，為兄弟宙斯鋪平海上通途。歐羅巴坐在牛背上，嚇得索索發抖。她一隻手緊握金牛角，另一隻手提起紫袍的下擺，免得被海浪打濕……海風吹拂着她的鬢髮，飄動起她身上薄軟的衣衫。海岸愈來愈遠，轉眼消失在天藍色的遠方。四周只有大海和藍天。不久，遠處出現了克里特島。公牛馱着珍愛的美人迅速游到岸邊，上了岸。歐羅巴成了宙斯的妻子，從此一直居住在克里特[1]。

　　姑娘登陸的地方後來就以她的名字命名為「歐羅巴」，中文翻譯為「歐洲」。19 世紀末至 20 世紀初，英國考古學家根據神話故事的描繪在克里特島開展考古發掘，找到了傳說中的米諾斯王國和它的迷宮，也證實了這裏最早的居民來自地中海東岸的黎巴嫩。考古事實和神話傳說奇跡般地吻合！神話中包含着真實，歷史中又充滿了神祕。

　　古希臘不僅是一個地理概念，也是一個時間概念。地理概念大家比較容易理解，時間概念表達的是西方歷史上一個重要的歷史時期，明確地講就是歐洲的起源。古希臘並不限於現今被稱為希臘半島的那塊地方，而是包括小亞細亞（今土耳其）兩岸、巴爾干半島和意大利半島南部在內的廣大區域，橫跨歐亞。古希臘是一個非常神奇的地方，有美麗的愛琴海、宜人的氣候。荷馬在《奧德賽》中讚美克里特島的繁華：「在酒綠色的海中央，美麗又富裕，四面是汪洋，那裏居民稠密，有數不清的數量，九十個城市林立島上……」古希臘有兩個著名的城邦，一個是雅典，一個是斯巴達，它們的奴隸社會創造了非常輝煌的文明。

1　[1]〔俄羅斯〕尼·庫恩.希臘神話 [M].朱志順，譯.上海譯文出版社，1998（6）:123-124.

　　和古代中國一樣，古希臘的詩歌裏蘊藏着神祕的愛情密碼，也埋藏了許許多多的歷史隱祕。古希臘最著名的著作之一《荷馬史詩》就是這方面的代表作。《荷馬史詩》促成了一個歷史時期的出現——古希臘以荷馬的名字命名了一個時代——荷馬時代，大致是公元前 12 世紀至公元前 8 世紀。在同一時期，大概公元前 11 世紀至公元前 6 世紀，古代中國出現了著名的《詩經》，有 305 篇，傳說是由孔子整理而成的。《詩經》同樣反映了當時中國的生活生產狀況，具有文學和史料價值。

　　《荷馬史詩》中的《伊利亞特》和《奧德賽》是記錄當年希臘社會歷史狀況的詩篇。記載在《伊利亞特》裏的特洛伊戰爭，在神話傳說中透露出當時的真實歷史。

　　特洛伊的故事傳說大概發生在公元前 1250 年，在希臘神話裏非常著名。19 世紀 70 年代，德國業餘考古學家海因里希‧謝里曼找到了特洛伊城。他根據《伊利亞特》裏的敍述，在愛琴海兩岸帶人挖掘了十八年。他把希臘軍隊的行軍路線標在地圖上，其目標最終指向土耳其西北角的一個不毛之地。他堅信這裏就是特洛伊城的所在地，於是找人開始挖掘，結果讓所有人大吃一驚：特洛伊城挖出來了——街道、佈局等和《荷馬史詩》中描述的基本一致。整個世界為之一振。《荷馬史詩》真的是「史」！接下來，謝里曼又循着《荷馬史詩》的線索跑到希臘一個叫邁錫尼的地方挖掘邁錫尼城，經過八年的發掘，不僅找到了邁錫尼城，還挖掘出埋藏了三千多年的豪華墓葬，其中有精美的壁畫、金銀器皿、精工鑲嵌的刀劍和盾牌。曾被認為是荷馬藝術幻想出的場景，確確實實地呈現在了人們面前。這些東西存在的年代為公元前 16 世紀到公元前 12 世紀，正是《伊利亞特》所敍述的時代。這是考古學上的一次奇跡！

　　希臘贏得了特洛伊戰爭，此後多利亞人消滅了早期希臘城邦，而特洛伊、邁錫尼這些地方都永久地消失了，希臘進入了約四百年的「黑暗

◎〔法〕讓．奧古斯特．多米尼克．安格爾:《荷馬禮讚》，油畫，
1827 年，法國羅浮宮藏

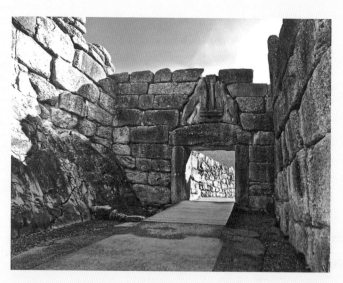

◎〔邁錫尼〕獅子門，約公元前 1400 年——前 1300 年，石浮雕

時期」，文字的記載斷層了。這個「黑暗時期」在人類歷史上不止一次出現，至今不能確切地作出解釋。公元前 800 年前後，新希臘人又出現在歷史裏，一個以城邦為基礎的新希臘形成了。

公元前 5 世紀至公元前 4 世紀，古代希臘進入了古典時期，城邦奴隸制進入了最繁榮的時期。剛才我講到的雅典與斯巴達也經常發生戰爭。它們一個代表着民主奴隸制，一個代表着貴族奴隸制，因此它們之間的戰爭也是一直不斷，不管是在巔峰時期，還是在危機時期。世界上對古代文明的判定標準主要有三個：(1) 有沒有建築群（城市）；(2) 有沒有系統的文字；(3) 有沒有青銅器（青銅器這個標準是中國後來提出的，被世界所認可）。從這三個標準看，希臘這個時期已達到古代文明的較高水平。

對於當時希臘的城邦，柏拉圖有一句話概括得非常形象：「無論什麼樣的國家，都分成相互敵對的兩個部分，一為窮人的，一為富人的⋯⋯」[1] 這就是貧富分化和階級分化，就是奴隸主貴族和奴隸之間尖銳的矛盾，當然中間還有一個階層 —— 平民。窮人們「聚集城裏，身懷白刃」，隨時「打算起義」，這就是當時柏拉圖對城邦國的形象描述，也反映了當時的階級矛盾。

古希臘的奴隸社會中雖然有奴隸主與奴隸之間血腥、殘酷的鬥爭，但是在奴隸社會的上層，也就是在奴隸主和自由民的社會裏，產生了民主思想，出現了民主政治的雛形，公民議會就是當時處理政治事務的重要形式。正是這種民主氣息的洋溢和對人身自由的追求，使得希臘成為西方民主政治的發源地。恩格斯曾說過，沒有希臘、羅馬奠定的基礎，

1　〔古希臘〕柏拉圖 . 理想國 [M]. 郭斌和，張竹明，譯 . 北京：商務印書館，2002:137.

就不可能有近代的歐洲。

　　古希臘的思想家和中國先秦的思想家大致生活在同一個時期，他們相隔萬里，從未謀面，沒有交流，卻各自創造了古老的文明。孔子生於公元前 551 年，蘇格拉底生於公元前 469 年，相差不到百年。相傳老子比孔子大 20 歲，生於公元前 571 年，活了 100 歲，也就是到公元前 471 年去世的。春秋時期是老子和孔子的時代，孟子和莊子都是戰國時期的了。古希臘與中國古代思想極盛的時期也是差不多的，那個時期的一些著名的思想家也都是世界級的。古希臘的蘇格拉底、柏拉圖和亞里士多德生活的時代和孔、孟、老、莊生活的時代相差也就是百年左右。春秋戰國時期是中國戰亂頻發的時期，而古希臘城邦也是在戰火紛飛中度過的。可見一些偉大的思想是在動盪中發展的，動盪也不全是消極的。再如，魏晉時期也是動盪時期，同時又是思想發展的重要時期，你爭我奪，民不聊生，經常爆發大規模的衝突。偉大的思想家就是在動盪中成長起來的。在孕育思想家的環境、時代等方面，古希臘與中國還是有不少相似性的，包括後面還要講到它們的一些思想也有不少共性。

　　美麗的神話傳說、神祕的歷史故事、神賜般的地理環境、令人驚奇的思想傳統，甚至那藍色海洋泛起的浪花都閃爍着智者的光……這一切的一切構成了古希臘這塊神奇的土地，從這裏不斷地走出傑出的人，他們塑造了西方，影響了世界。

二、神話土壤裏的藝術

　　神話土壤裏產生神奇的藝術、神奇的美。

　　《米洛斯的維納斯》無疑是古希臘重要的藝術品之一。1820 年 4 月 8 日，希臘農民嶽爾格新在希臘本島和克里特島之間的一個叫米洛斯的山洞裏發現了維納斯雕像。維納斯是主管「美」和「愛」的女神（希臘人叫

◇〔古希臘〕（傳）亞力山德羅斯：《米洛斯的維納斯》，
大理石雕塑，約公元前 100 年，法國羅浮宮藏

阿佛洛狄忒，羅馬人叫維納斯）。

這是古希臘雕像裏最美的一座。面對維納斯，除了「美」和「愛」，我們再也找不到更好的詞來形容她。她半裸着的身體優美、大方、充滿活力，並無半點媚惑和肉感，亭亭玉立、楚楚動人。她表情沉靜、莊重自尊、典雅純潔，並無半點故意取悅或裝腔作勢，令人肅然起敬。在她的面前，人們感受到的是親切、美好以及濃濃愛意。無論從哪一個角度觀看，整座雕像都是美的，各部分都體現着黃金分割律的奧妙。

關於這座雕像，許多人以斷臂為憾，但種種修復都顯得畫蛇添足、狗尾續貂，真是「增一分太多，減一分太少」。法國雕塑大師羅丹說這是「古代的神品」。俄國著名畫家克拉姆斯科依說：「這座雕像留給我的印象是如此深刻、寧靜，它是如此平靜地照亮我生命中令人疲憊不堪、鬱鬱寡歡的章頁。每當她的形象在我面前升起時，我就懷着一顆年輕的心，重又相信人類命運的起點。」

維納斯是神，也是人。希臘藝術作品中的神，實質就是人，完美的人、理想的人。米隆創作的《擲鐵餅者》被視為對體育運動的經典詮釋。這也許就是馬克思所說的希臘神話是希臘藝術的土壤吧！「神」不過是對人的美好表現 —— 這是藝術家突破束縛的思想基石。

古希臘建築是古希臘藝術的另一種代表形式。古希臘建築莊重平穩，在和諧的比例中顯現出一種自然的生命之美。

古希臘神廟以石柱承重。石柱很高很大，外面刻有凸凹相間的槽紋，它本身就是魅力無窮的藝術作品。後人把它們按樣式分為三種風格，即多立克式、愛奧尼亞式和科林斯式。

多立克式石柱渾厚、單純、剛健，展現着代表力量與雄壯的男性美。柱身中間微凸，像是為了承受重壓而鼓足力量，周圍垂直的凹溝使柱身增加了變化。柱頭是一個大出一圈的圓頂，像是在壓力下自然脹出來的部

分。我國著名美學家朱光潛先生對其作了極好的分析：「如果一個站立的人受到了壓力，他就要硬着頸項，出力抵抗，身心緊張。現在我們看到了這種石柱，同樣受着上下的重壓，便會把自己平時的感受移到石柱上去，覺得自己就是石柱，石柱就是自己，也要挺起腰板兒，向上用力，一條堅硬的石柱就好像有了生命，我們就會感到石柱和自己一起在升騰。」多立克式石柱建築的典型代表是巴特農神殿。巴特農神殿是古希臘雅典衛城最輝煌的建築，裏邊供奉着高達 12 米的雅典娜神像，胎體為木質，外嵌象牙、黃金。戰神雅典娜是智慧、勇敢和貞潔的象徵，是城邦的守護神。神殿是古雅典首領伯里克利在公元前 5 世紀（約前 447 – 前 432）下令建造的，建造費用由雅典市民捐獻，並且動用了聯盟的財政儲備。

　　愛奧尼亞式石柱則輕快、柔和、精緻，體現着女性美。柱身細長，柱腳墊起幾層圓盤，柱頭變得更大並向左右盤旋成兩個渦紋裝飾，好像是噴出的水柱受到阻擋而形成的漩渦，又像是植物在壓力下彎曲捲成的藤蔓。勝利女神神殿與厄瑞克修姆神殿都是採用了愛奧尼亞式的石柱。

　　後來在以商業繁榮著稱的科林斯城出現了第三種石柱風格 —— 科林斯式。其柱頭像植物的藤蔓，又像是美麗的花籃，其餘部分大體與愛奧尼亞式石柱相似，只不過它更纖細、更柔媚。這種石柱建築的代表是李希克拉特音樂紀念亭。在雅典，遇到盛大節日時，音樂比賽的獲獎者可以得到青銅鑄造的獎盃，這個亭台就是陳列獎盃以供人欣賞的地方。亭的基座為方形，基座之上是六根科林斯式石柱包圍的圓柱體，頂上是陳列獎盃的底座。紀念亭總高十餘米，自下而上逐漸豐富，造型秀麗典雅。雅典的宙斯神殿的石柱也屬此形式。科林斯式石柱後來為羅馬帝國廣泛採用，流行於意大利。

　　雅典衛城是古典時期（前 480 – 前 323）建築的頂峰之作。「衛城」（Acropolis）是指「高高的城市」。它是一個建築群，坐落在地勢頗為險要

◎〔古希臘〕巴特農神殿的多立克式石柱，雅典衛城

◎〔古希臘〕厄瑞克修姆神殿女像柱，雅典衛城

的山巖上，包括山門、勝利女神神殿、厄瑞克修姆神殿和巴特農神殿等建築。

另外，在整理資料的時候，我發現了古希臘大量的陶器造型圖，堪稱精美的藝術品。公元前 6 世紀中葉之後，雅典陶瓶壟斷了國外市場，陶藝創作達到了很高的水平，充分體現了線條的構成藝術。多條線的變化，包括長短、彎曲、傾斜的有機組合，創作出各種結構、樣式的陶器，適用於各種生活用途。

奧林匹斯山上的神話和古希臘民主自由的環境，形成了「神人同形同性」的特點，為藝術創作提供了肥沃的土壤。在古希臘，人神相通，神也是有血有肉的，形成了藝術與生活的息息相通。在一定程度上，人就是神，神就是理想的人，在雕塑作品上，體現為希臘人健康、樂觀、完美的人生態度與追求。正是這種極為獨特的自然與人文環境為藝術家個性張揚的創作提供了更多的可能性，希臘藝術家創造出了難以超越的傑出藝術。這些藝術作品既沒有像中世紀基督教美術一樣對神一味地頂禮膜拜，把神放在不可企及的彼岸，也與那種注重超自然的、具有強烈宗教神祕感的拜占庭藝術拉開了距離，給人類留下了極為珍貴的文化遺產。

古希臘神話土壤裏產生的璀璨藝術，本質反映的不是「神」，而是「人」，是對自由、理想的「人」的追求，也就是對「美」的追求。

三、夜空中最亮的星

大海孕育了古希臘燦爛的文明，一直以來都是西方最強的光。正是在這片海洋之上，璀璨的星空裏，有幾顆耀眼的星 —— 蘇格拉底、柏拉圖和亞里士多德，總是閃耀着智慧而迷人的光芒，成為西方思想的航標燈。

我們先來看一幅名畫 —— 雅克‧路易‧大衛的《蘇格拉底之死》，它是 18 世紀後期的作品。畫面上的主人公是古希臘的大思想家蘇格拉底

（前469－前399），畫作表現的是他慷慨赴死的時刻。民主派在奴隸制城
邦國家獲得了勝利，但蘇格拉底和當權者的思想是對立的。

　　蘇格拉底攻擊雅典的民主政治及其領袖，積極為奴隸主貴族政體
的復辟效勞，其代表奴隸主貴族的言行具有摧毀性和顛覆性色彩。他教
導人們懷疑一切，成了極具爭議的人物，愛他的人和恨他的人一樣多，
民主派更是把他看作眼中釘。在民主派重新掌權後，蘇格拉底被控敗壞
青年和信奉新神的罪狀，雅典法庭以 281 票對 220 票宣告他有罪，並判
處死刑。當時，他本有機會免於一死。從史料記載可知，蘇格拉底本可
以通過游說免罪，他代表奴隸主貴族的利益，有一定的社會關係和支持
者，還是有很大生的希望的，也可以選擇逃走。但這些他都沒做，而是
選擇了死亡。蘇格拉底說，他「對死抱着樂觀的希望」，認為「此刻死去，

◎〔法〕雅克・路易・大衛：《蘇格拉底之死》，油畫，1787 年，美國大都會藝術博
　物館藏

擺脫俗累，是較好的事」。在公元前 399 年，他的弟子遞給他一杯毒酒，他飲鴆而死。畫面表現的就是他即將接過毒酒那一剎那的情形，他沉着冷靜，視死如歸，弟子則掩面而泣，不忍直視。他手指更高的天國，認為那是他的最終歸宿。蘇格拉底是為了他的信仰而死的。蘇格拉底之後，沒有哪個哲學家能像他一樣成為道義的代表。在古希臘，那些最有才能的人都為他所吸引，以他為核心，形成了一個傑出的流派。他是古希臘思想家中的第一顆星。

另外兩顆星在哪裏？大家再看這幅名畫就知道了。這是拉斐爾的《雅典學院》，作於 1510 年至 1511 年間。拉斐爾把這「三巨頭」集中在一個畫面上。在正中央，柏拉圖（前 427－前 347）和亞里士多德並肩而站，柏拉圖在左，亞里士多德在右。在他們的左邊，蘇格拉底正在向一群旁觀者演説。這「三巨頭」是師生關係。柏拉圖拿着他傑出的著作《蒂邁歐篇》，亞里士多德拿着他著名的《倫理學》。柏拉圖的手指着上天，表明他更加傾向於理性的和形而上的東西；亞里士多德的手勢是往下的，意味着更加注重實踐和腳踏實地。這「三巨頭」中，蘇格拉底是當時影響巨大的哲學家，是一位多才的客觀唯心論者。柏拉圖出於蘇格拉底的門下，是以博學著稱的古代偉大科學奠基者。亞里士多德則是柏拉圖的弟子。他們擁有很多門徒，經常在公眾聚集的運動場附近討論各種哲學、社會和人生問題。

從理論上講，亞里士多德應該是蘇格拉底的再傳弟子，如同中國古代孟子是孔子的嫡系弟子，所以這三個人總體上還是一脈相承的。亞里士多德後來成為橫掃亞歐大陸的亞歷山大大帝的老師，蘇格拉底對亞里士多德還是非常有影響的。此外，蘇格拉底、柏拉圖的著作都是靠當年學生的記錄得以傳世的，這與《論語》也很像。據説蘇格拉底沒有寫過一篇文章，流傳至今的都是後人整理的一些對話。還有他們都喜歡辦學。

◇〔意大利〕拉斐爾·桑西:《雅典學院》,壁畫,1510 年—1511 年,梵蒂岡博物館藏

孔子傳說有弟子三千，賢人七十二。柏拉圖和亞里士多德都有各自的學園，亞里士多德曾經在柏拉圖門下學了二十年。所以中西方古代的一些傳統都很相像。

蘇格拉底是古希臘第一個宣揚唯心主義神學目的論的人，他認為一切都是神造的、神安排的，都體現了神的智慧和目的，人應該「自知其無知」，就是說人應該知道自己是無知的。這本質上是唯心主義的。

柏拉圖也是一樣的，他延續着蘇格拉底的唯心主義思想。不過在柏拉圖生活的時期，有一個唯物論的代表人物叫德謨克里特，他的代表性觀點是原子論，與柏拉圖客觀唯心主義的理念相對立。哲學史上的一條主線就是唯物主義和唯心主義的鬥爭。德謨克里特的原子論代表的是商業奴隸主的民主派思想，和貴族奴隸主階級在意識形態領域是針鋒相對的。

亞里士多德生於公元前 384 年，死於公元前 322 年，活了 62 歲。他在公元前 343 年就成了 13 歲的亞歷山大王子的老師。公元前 335 年，他在雅典建立了自己的呂克昂學園。當時他邊散步邊教學，「逍遙學派」因此得名。他搖擺於唯物主義與唯心主義之間，也搖擺於辯證法與形而上學之間，最終傾向了唯心主義和辯證法。亞里士多德是古代少有的百科全書式學者。馬克思曾經評價他是西方古代最偉大的思想者，恩格斯說他是最博學的人物，代表了古希臘哲學的最高峰。

房龍的《寬容》裏有一段對亞里士多德比較形象的描述：「亞里士多德，一個來自斯塔吉拉的神童。他在那個時代已經通曉了許多尚不為人知的事情，為人們的知識寶庫增添了豐富的寶藏。他的書成為智慧的源泉，在他以後，整個五十代歐洲人和亞洲人都無需經受絞盡腦汁的寒窗之苦，便可以從中獲取盡人滿意的豐盛的精神食糧。」[1]

1　〔美〕房龍.寬容[M].迋衛，靳翠微，譯.北京：生活·讀書·新知三聯書店.1985:50.

從海洋到星空，是古希臘關於美的孕育和發展的背景和脈絡，海洋與星空交相輝映，集中表現在三位思想巨人身上。這一部分主要是讓大家對古希臘的神奇之美有大致的了解，接下來會具體講一講蘇格拉底、柏拉圖和亞里士多德關於美的思想。

「三巨頭」心中的美

在兩千多年前，柏拉圖和亞里士多德系統地闡述了美的理論，對後世產生了深遠影響。自他們之後，人們在談到美的時候，都會提及他們關於美的觀點。同時，我們也會反思，為什麼在生產力不發達的奴隸社會能產生這麼偉大的思想家 —— 在中國也是如此 —— 而在生產力高度發達的今天，人們的精神反而變得空虛了。這是一個世界範圍內的課題。

一、「美本身」——柏拉圖的美

柏拉圖有一個重要的概念就是「美本身」，這是他關於美的理論基礎。這裏重點講三個方面的問題：第一是「美本身」；第二是他在《理想國》裏關於美的一段論述，我把它概括成「三張牀」；第三是他對藝術家的看法。

（一）兩個世界、兩個人、兩種美

先講「美本身」。講到「美本身」，就不得不講柏拉圖的「理念論」，因為它是古代最龐大的客觀唯心主義體系，對以後的唯心主義乃至意識形態的各個方面都產生了巨大影響。什麼是「理念」呢？柏拉圖認為，世

間一切事物都是由永恆不變的「理念」產生出來的。

　　首先要看一看柏拉圖對世界的看法，因為哲學涉及對世界的總體認識，也涉及對人的總體認識。柏拉圖認為有「兩個世界」。一個是可見的世界，通過人的感覺感知，就是我們日常生活的世界。在這個世界裏，有一句著名的話叫「一切皆變，無物常在」，就是說所有的事物都在變化，沒有恆定不變的東西。人會生老病死，世間的一切都會衰亡。但另外還有一個世界，不依賴於時空，無法為感覺所把握，其具有永恆和完美的秩序，這一世界是永恆不變的實在。他認為，日常世界是另一個世界的影像，而且這個影像還是不完美的、粗略的。也就是說，所有具體的東西都是「理念」的影子。另一個世界是真正的實在，是永恆的、固定不變的。

　　他把「兩個世界」的理論用到「人本身」，說人也是一樣的，一個人是可見的，而另一個人是不可見的，只能為思維所把握。所以他講的「理念」實際上是一種思維。他認為，物質的人是「人本身」的瞬息影像，「人本身」是「理念」的人。現在我們每一個人都是「理念」的人的瞬息影像，因為「理念」是永恆不變的，人的壽命有限，可能瞬間就消散了。他從「兩個世界」講到「兩個人」，「人本身」是一種不變的具體實在的人，是非物質的、不會衰亡的，是超越時空永恆的實在。

　　「理念」這個詞被朱光潛翻譯成「理式」，他覺得理式是一個形式，這樣說更確切。但「理式」平時用得不多，更不好理解，現在更多的人還是用「理念」這個詞。柏拉圖認為，世間的一切事物都是由永恆不變的理念產生出來的。這「兩個世界」有一個理念世界，有一個物質世界。「兩個人」有一個物質的人，有一個「人本身」，「人本身」就存在於理念世界中。柏拉圖一直強調人不能創造理念本身，人只能按照理念去創造各種事物，因為理念是永恆的、固有的存在，它不是人創造的，人只能按照這種理念來創造具體的事物。理念獨立存在於具體事物和人心之外，並

且是一種比具體事物更實在的東西。他強調理念是自身獨立存在的精神實體，是真正的實在。這是柏拉圖「理念論」中一以貫之的基本思想。

　　關於美，從「兩個世界」到「兩個人」，再到「兩個美」，其中最重要的是「美本身」，都同樣是他的「理念論」的產物。他認為，美這個概念一方面存在於多個東西中，並且這些東西是美的、善的等，另一方面，就如同「人本身」「世界本身」一樣，美除了具體的、物質的、能看到的、感覺到的以外，還有一種「美本身」存在。

　　「美本身」就是美的理念，這是從柏拉圖「兩個世界」的理論推導而來的。我們平時感到的具體的美並不是真正的實在，唯有永恆不變的美的理念才是。從「兩個世界」到「兩個人」再到「兩個美」，所有具體的美都是理念的影像。為什麼說柏拉圖是徹頭徹尾的客觀唯心主義者呢？他認為，能夠被人所感知的東西都是依據「美本身」「人本身」製造出來的，個別的美不是真正的實在，個別的人也不是真正的實在，這些具體的事物都是理念的影子。這是由精神到物質的，而不是由物質到精神的，所以說他是徹頭徹尾的唯心主義者。

◎　柏拉圖像，大理石雕塑，公元2世紀，
　　法國羅浮宮藏

再強調一下他的觀點，「美本身」是一種絕對的美，永恆的美，無始無終的美，不生不滅、不增不減的美，是超越時空的。它在這兒美，到那兒也美，在任何地方都美，是固定不變的。同時，一切美的事物都是以「美本身」為源泉，「美本身」只在「理念」中存在。後來黑格爾的「絕對精神」「絕對理念」都和柏拉圖有直接關係。現實世界中各種各樣的美是怎麼產生的？柏拉圖認為，就是因為有了「美本身」的理念，才產生了美。

(二)「三張牀」

在柏拉圖的《理想國》裏有一個著名的「三張牀」的例子。

《理想國》是西方哲學史上第一部對政治、對國家制度有比較系統的論述的著作。《理想國》是以柏拉圖和蘇格拉底的對話輯成的，但基本上都是柏拉圖自己的思想。《理想國》中的對話比《論語》要長很多，邏輯性也很強。《論語》《孟子》大多是觀點性的，基本上不進行論證；《理想國》非常重視論證過程和邏輯推理。這是西方思想家和中國古代思想家的重要區別。下面，節選《理想國》中的一段對話，以展現柏拉圖的觀點：

蘇：那麼下面我們還是用慣常的程序來開始討論問題，好嗎？在凡是我們能用同一名稱稱呼多數事物的場合，我認為我們總是假定它們只有一個形式或理念的。你明白嗎？

格：我明白。

蘇：那麼現在讓我們隨便舉出某一類的許多東西，例如說有許多的牀或桌子。

格：當然可以。

蘇：但是概括這許多家具的理念我看只有兩個：一個是牀的理念，一個是桌子的理念。

格：是的。[1]

1　〔古希臘〕柏拉圖. 理想國 [M]. 郭斌和，張竹明，譯. 北京：商務印書館，2002:388.

（以上是說，所有的東西都可以歸結到「理念」。）

蘇：又，我們也總是說製造牀或桌子的工匠注視着理念或形式分別地製造出我們使用的桌子或牀來；關於其他用物也是如此。是嗎？至於理念或形式本身則不是任何匠人能製造得出的，這是肯定的。是嗎？

格：當然。

蘇：但是現在請考慮一下，下述這種工匠你給他取個什麼名稱呢？

格：什麼樣的匠人？

蘇：一種萬能的匠人：他能製作一切東西 —— 各行各業的匠人所造的各種東西。

格：你這是在說一種靈巧得實在驚人的人。

蘇：請略等一等。事實上馬上你也會像我這麼講的。須知，這同一個匠人不僅能製作一切用具，他還能製作一切植物、動物，以及他自身。此外他還能製造地、天、諸神、天體和冥間的一切呢。

格：真是一個神奇極了的智者啊！

蘇：你不信？請問，你是根本不信有這種匠人嗎？或者，你是不是認為，這種萬能的工匠在一種意義上說是能有的，在另一種意義上說是不能有的呢？或者請問，你知不知道，你自己也能「在某種意義上」製作出所有這些東西？

格：在什麼意義上？

蘇：這不難，方法很多，也很快。如果你願意拿一面鏡子到處照的話，你就能最快地做到這一點。你就能很快地製作出太陽和天空中的一切，很快地製作出大地和你自己，以及別的動物、用具、植物和所有我們剛才談到的那些東西。[1]

（這裏是說，具體的東西都是理念的影子。）

---

1 〔古希臘〕柏拉圖.理想國 [M].郭斌和，張竹明，譯.北京：商務印書館，2002:388—389.

格：是的。但這是影子，不是真實存在的東西呀！[1]

（這句話否定了物質的真實性 —— 影子是不真實的。）

蘇：很好，你這話正巧對我們的論證很有幫助。因為我認為畫家也屬於這一類的製作者。是嗎？

格：當然是的。

蘇：但是我想你會說，他的「製作」不是真的製作。然而畫家也「在某種意義上」製作一張牀。是嗎？

格：是的，他也是製作牀的影子。

蘇：又，造牀的木匠怎麼樣？你剛才不是說，他造的不是我們承認其為真正的牀或牀的本質的形式或理念，而只是一張具體特殊的牀而已嗎？

格：是的，我是這麼說的。

蘇：那麼，如果他不能製造事物的本質，那麼他就不能製造實在，而只能製造一種像實在（並不真是實在）的東西。是嗎？如果有人說，造牀的木匠或其他任何手藝人造出的東西是完全意義上的存在，這話就很可能是錯的。是嗎？

格：無論如何，這終究不大可能是善於進行我們這種論證法的人的觀點。

蘇：因此，如果有人說這種東西也不過是一種和真實比較起來的暗淡的陰影。這話是不會使我們感到吃驚的。

格：我們是一定不會吃驚的。

蘇：那麼，我們是不是打算還用剛才這些事例來研究這個摹仿者的本質呢？即，究竟誰是真正的摹仿者？

格：就請這麼做吧！

蘇：那麼下面我們設有三種牀，一種是自然的牀，我認為我們大概得說它是神造的。或者，是什麼別的造的嗎？[2]

1　〔古希臘〕柏拉圖 . 理想國 [M]. 郭斌和，張竹明，譯 . 北京：商務印書館，2002:389.

2　〔古希臘〕柏拉圖 . 理想國 [M]. 郭斌和，張竹明，譯 . 北京：商務印書館，2002:389—390. 此處「摹」字采用原書寫法）

（自然的牀就是理念的牀，即「牀本身」。）

　　格：我認為不是什麼別的造的。

　　蘇：其次一種是木匠造的牀。

　　格：是的。

　　蘇：再一種是畫家畫的牀，是嗎？

　　格：就算是吧。

　　蘇：因此，畫家、造牀匠、神，是這三者造這三種牀。

　　格：是的，這三種人。

　　蘇：神或是自己不願或是有某種力量迫使他不能製造超過一個的自然牀，因而就只造了一個本質的牀，真正的牀。神從未造過兩個或兩個以上這樣的牀，它以後也永遠不會再有新的了。

　　……

　　蘇：木匠怎麼樣？我們可以把他叫做牀的製造者嗎？

　　格：可以。[1]

（理念的第一個影子：木匠的牀是「牀本身」的影子。）

　　蘇：我們也可以稱畫家為這類東西的創造者或製造者嗎？

　　格：無論如何不行。

　　蘇：那麼你說他是牀的什麼呢？

　　格：我覺得，如果我們把畫家叫做那兩種人所造的東西的模仿者，應該是最合適的。

　　蘇：很好。因此，你把和自然隔着兩層的作品的製作者稱作模仿者？[2]

（藝術作品和自然隔着兩層，是影子的影子。）

　　格：正是。

1　〔古希臘〕柏拉圖．理想國 [M]．郭斌和，張竹明，譯．北京：商務印書館，2002:390—391．

2　〔古希臘〕柏拉圖．理想國 [M]．郭斌和，張竹明，譯．北京：商務印書館，2002:391—392．

　　蘇：因此，悲劇詩人既然是模仿者，他就像所有其他的模仿者一樣，自然地和王者或真實隔着兩層。

　　格：看來是這樣。

　　蘇：那麼，關於模仿者我們已經意見一致了。但是請你告訴我，畫家努力模仿的是哪一種事物？你認為是自然中的每一事物本身還是工匠的製作品？

　　格：工匠的作品。

　　蘇：因此這是事物的真實還是事物的影像？ —— 這是需要進一步明確的。

　　格：我不明白你的意思。

　　蘇：我的意思如下：例如一張牀，你從不同的角度看它，從側面或從前面或從別的角度看它，它都異於本身嗎？或者，它只是樣子顯得不同，事實上完全沒有什麼不同，別的事物也莫不如此。是嗎？

　　格：只是樣子顯得不同，事實上沒有任何區別。

　　蘇：那麼請研究下面這個問題。畫家在作關於每一事物的畫時，是在模仿事物實在的本身還是在模仿看上去的樣子呢？這是對影像的模仿還是對真實的模仿呢？

　　格：是對影像的模仿。

　　蘇：因此，模仿術和真實距離是很遠的。而這似乎也正是它之所以在只把握了事物的一小部分（而且還是表像的一小部分）時就能製造任何事物的原因。例如，我們說一個畫家將給我們畫一個鞋匠或木匠或別的什麼工匠。雖然他自己對這些技術都一竅不通，但是，如果他是個優秀的畫家的話，只要把他所畫的例如木匠的肖像陳列得離觀眾有一定的距離，他還是能騙過小孩和一些笨人，使他們信以為真的。[1]

1　〔古希臘〕柏拉圖 . 理想國 [M]. 郭斌和，張竹明，譯 . 北京：商務印書館，2002:392—393.

這三張牀，一種是理念的牀，永恆的、真實的只有這一張牀，其他的牀都是影子。木匠造的牀是根據理念造的，是理念的影子；畫家畫的牀是理念的影子的影子。柏拉圖實際上是很貶低藝術的，認為藝術都不可能反映真實，因為藝術是影子的影子。木匠造的牀也只能表達理念的牀的一部分；畫家畫牀，便只能表達這個木匠造的這張牀的一部分，永遠不是真實、完整的。這種影子的影子的東西是不真實的，只有理念是最真實的、永恆的。他整個「理念說」的核心，就是關於「三張牀」的論述。

實際上如果用唯物主義的觀點來看，理念應是對事物共性的認識、對事物一般的認識。但是柏拉圖卻反過來了，對一般事物的認識不是從實際中來的，不但是憑空產生的，而且還要用來指導實踐。

(三)《理想國》裏的藝術家

下一個問題：柏拉圖對藝術家的看法——三個等級。《理想國》裏面給人性劃了三個等級，上文已提到《理想國》是西方哲學史上第一個系統的國家學說，實質上是把奴隸主貴族專制國家加以理想化。

三個等級怎麼講的呢？柏拉圖先講人性是由理性、意志和慾望構成的，國家的三個等級和人性是對應的：理性對應的是執政者、統治者，只有成為哲學王才可能成為統治者，這是第一等級；第二個等級是意志，對應的是守衛者、軍人，主要起到控制、防禦、鎮壓的作用；第三個等級是慾望，對應着最底層的人們，包括農民、手工工人、商人等。這裏面的手工工人實際上就包括藝術家，藝術家在最低一個等級。在古希臘，凡是可憑專門知識學會的工作都叫「藝術」，如音樂、雕刻、圖畫、詩歌、工業、農業、醫藥、騎射、烹飪，從事這些工作的人都被劃分在了最低一個等級。

柏拉圖認為，第一個等級 —— 由理性產生出來的統治者是金子做的，第二個等級 —— 由意志產生出來的控制者是銀子做的，第三個等級 —— 手工工人、農民還有商人是銅鐵做的。這是《理想國》裏的說法。他的另外一部對話體著作《斐德若篇》裏面，也體現了他把藝術家歸為較低等級的思想。《斐德若篇》裏把人分了九等。第一等人是愛智慧者、愛美者，以及詩神和愛神的頂禮者，這一類是獲得美感教育最高成就的人，他們是享受美的人。藝術家被放到了第六等，詩人和其他模仿藝術家的人也被列為第六等，地位在醫生、占卜星相者之下。可以看出，他關於人的等級觀是與他的「理念論」密切聯繫的，因為他本來就把藝術看得比較低，認為藝術是奴隸和窮苦平民做的工作，認為藝術反映的都是不真實的、不實在的東西，即影子的影子。

其實中國古代社會對匠人的態度也與整個歷史的發展過程是相一致的。在這一時期，匠人基本是奴隸或手工勞動者。總體來講，藝術還依賴於經濟的發展、物質生產的進步、社會文明程度的提高。笛爾斯對此表達了不滿，他說：「就連斐狄阿斯這樣卓越的雕刻大師，在當時也只被看作一個手藝人。」我們現在說古希臘藝術多麼輝煌、多麼偉大，但當時卻把藝術家和藝術放在一個較低的位置，應當說這是文明發展初級階段的產物。

二、模仿 —— 亞里士多德的美

「美來自模仿」是亞里士多德最重要的關於美的理論。

(一) 吾愛吾師，吾尤愛真理 —— 理念論批判

亞里士多德的哲學觀點曾搖擺於唯物主義和唯心主義之間，但是歸根結底是唯心主義的。他的關於美的理念，首先是建立在對柏拉圖的批

判上，他有一句名言叫「吾愛吾師，吾尤愛真理」，就是在批判柏拉圖的「理念論」時所講的。他說一般只能存在於個別事物之中，不能說在個別的人之外還存在什麼一般的人。他把一般和個別統一起來了，認為柏拉圖的根本錯誤在於承認在個別具體事物之外還獨立存在着一個與之相應的理念，這樣就割裂了一般和個別，這是包括柏拉圖在內的一切唯心主義的基礎。從這個角度來講，亞里士多德是唯物的，他對一般和個別的關係處理得非常好，是一次進步。亞里士多德肯定客觀物質世界是認識的對象，肯定認識來源於感覺，而感覺又是外部對象作用於感官引起的，「離開感覺，沒有人能理解任何東西」。從感覺上升到概念，從感性認識上升到理性認識，才能認識個別事物中的一般。他說人的理性是一本本來什麼都沒寫的書，一般的認識是通過分析和歸納從個別事物的感性知覺中抽引出來的。他認為人的心靈僅僅是一塊蠟塊，感覺就是外部事物印在蠟塊上的痕跡，但不能反映物質本身。比如一件金戒指上的圖案可以印在蠟塊上，但黃金本身卻不能在蠟塊上反映出來。

（二）美來自模仿

在藝術和現實的關係上，亞里士多德的觀點基本上是唯物主義的。他認識到普遍與特殊的辯證統一，放棄了柏拉圖的「理念論」，肯定了現實世界的真實性。因為在柏拉圖眼裏，現實世界都不是真實的，都是來自對「理念」的模仿，是「理念」的影子。亞里士多德的理論肯定了藝術的真實性，藝術所模仿的是現實世界所具有的必然性和普遍性，即它的內在本質和規律。這個基本思想是貫穿在他的名著《詩學》裏的，是他對美學思想最有價值的貢獻。

怎麼模仿呢？他說就是「照事物應當有的樣子去模仿」，「應當有的樣子」就是客觀規律。有個觀點非常重要，亞里士多德說模仿使藝術比

原來的事物更美，這就是講模仿的創造性。他說，悲劇詩人「應該仿效好的畫像家的榜樣，把人物原形的特點再現出來，一方面既逼真，一方面又比他原來更美」[1]。

為什麼古代都在研究詩？有一個觀點是，在所有的美的形式裏，詩是最高形式，因為它不需要任何物質。繪畫、設計都需要物質，只有詩不需要任何物質。所以古今中外的理論家、思想家都在研究詩的問題。亞里士多德的《詩學》，對美學有重大貢獻。

藝術作品為什麼更美呢？亞里士多德在這個問題上肯定了藝術家的創造性。他講，模仿活動是創造活動，一切事物的成因不外四種，就是他著名的「四因說」：材料因、形式因、創造因、目的因。藝術家模仿自然，自然是材料因，作品的形式是形式因，藝術家是創造因，創造因起到的是創新作用，目的因就是最後形成的作品。他鮮明地肯定了創造的作用，這比柏拉圖前進了一大步。

那如何創造呢？創造首先是一個整體的觀念，強調形式上的有機整體，其實就是內容上內在發展規律的反映，這是亞里士多德美學思想最基本的理論之一。他講悲劇是希臘藝術中的最高形式，因為它的結構是最嚴密的，比史詩還要嚴密，完整的結構是創造的重要方面。

他同時還講了創造的一種互動的形式——音樂。他說音樂是「最富於模仿性的藝術」。節奏與樂調為什麼能夠表現道德品質，而色香味不能呢？他回答說，因為音樂的節奏和樂調是運動，而人的動作也是運動。音樂的運動形式直接模仿人的動作，包括內心情緒，例如高亢的音調直接模仿激昂的心情，低沉的音調直接模仿抑鬱的心情。為什麼音樂是最

1　陳望衡，張涵著 . 藝術美 [M]. 太原：山西人民出版社，1986:60.

富於模仿性的呢？他說音樂不像其他藝術，要繞一個彎子從意義和表現上間接進行模仿，它是和人類互動性最強的表現美的藝術。音樂反映心情是最直接的，打動人也是最直接的，它的教育作用比其他藝術形式更深刻、更有效。音樂不能單純從節奏和形式上去看，還要與它所表現的道德品質和心情聯繫起來看。

　　再一個體現創作中創造性的例子與「世界上最美的女人」海倫有關。先看這幅油畫《帕里斯和海倫的愛》。這幅畫由法國新古典主義的開創者和奠基人雅克·路易·大衛創作於 1788 年，現收藏在法國巴黎羅浮宮。神話故事中，海倫是眾神之王宙斯的私生女，被譽為「世界上最美的女人」。她嫁給希臘斯巴達國王墨涅勞斯為妻。特洛伊的年輕王子帕里斯訪問斯巴達，在宴會上與海倫互生情愫。海倫完全為帕里斯所迷失，她拋棄丈夫和女兒，跟隨帕里斯去了特洛伊城，從此引發了特洛伊和希臘之間長達十年的戰爭。最終帕里斯戰死，海倫則被斯巴達國王墨涅勞斯奪回。畫面表現了海倫和特洛伊王子的親密關係。帕里斯王子採用坐姿表現，頭上角帽壓着金色鬈髮，臉型俊朗，赤裸的全身呈現出強健的肌肉。他一手持里拉古琴，一手抓住海倫胳膊，深情款款地注視着對方。海倫則用站姿表現，完全倚靠在帕里斯肩上。她金髮披肩，羞於直視帕里斯，卻又含情脈脈。薄絲般的內衣暴露了她和王子的親密關係，紅綢長裙勾勒出迷人身材。畫面傳神地表現了英俊的王子與絕世美女兩情相契的纏綿之情。

　　亞里士多德曾說藝術家可以把這個城市的所有美人都叫來，選取她們身上美的東西進行組合，這樣可以把海倫的形象畫出來。他講這個故事的意思就是說，通過藝術加工能夠創造出最美的形象。

◎〔法〕雅克・路易・大衞:《帕里斯和海倫的愛》,油畫,1788 年,法國羅浮宮藏

（三）美與醜

認識美與醜的關係，對於深入理解美非常重要。亞里士多德對這個問題的論述主要體現在三個方面。

1. 藝術可以化醜為美

> 每個人都能從摹仿的成果中得到快感。可資證明的是，儘管我們在生活中討厭看到某些實物，比如最討人嫌的動物形體和屍體，但當我們觀看此類物體的極其逼真的藝術再現時，卻會產生一種快感。[1]

他的意思就是說，經過藝術再現可以把自然轉化為藝術美。這就是藝術的作用，有些我們本來認為不好的東西，經過藝術加工，可能會讓我們有愉快的感覺、有美的感覺，由痛感變成美感、快感，藝術可以化醜為美。

2. 醜可以做審美對象

> 喜劇摹仿低劣的人；這些人不是無惡不作的歹徒 —— 滑稽只是醜陋的一種表現。滑稽的事物，或包含謬誤，或其貌不揚，但不會給人造成痛苦或帶來傷害。現成的例子是喜劇演員的面具，它雖然既醜又怪，卻不會讓人看了感到痛苦。[2]

這段話中，亞里士多德第一次提出了「醜」這個概念。「醜」作為審美範疇提出，「不至引起痛感」，不妨礙人把喜劇作為藝術來欣賞。這裏他第一次在審美中確定了醜的地位，醜也可以作為審美對象。把美和醜作為一對範疇來研究，具有重要的劃時代意義。還有一句「可笑的東西是一種對旁人無傷、不至引起痛感的醜陋或乖訛」，後來被無數研究喜劇、悲劇的人引用，被認為是喜劇和滑稽理論的萌芽。醜可以變為美，

---

1 〔古希臘〕亞里士多德. 詩學 [M]. 陳中梅，譯注. 北京：商務印書館，2009:47.
2 〔古希臘〕亞里士多德. 詩學 [M]. 陳中梅，譯注. 北京：商務印書館，2009:58.

醜也可以作為審美對象，這是亞里士多德的一個重要貢獻。

3. 美一方面要靠事物本身的特質，另一方面要靠人的認識能力

　　無論是活的動物，還是任何由部分組成的整體，若要顯得美，就必須符合以下兩個條件，即不僅本體各部分的排列要適當，而且要有一定的、不是得之於偶然的體積，因為美取決於體積和順序。因此，動物的個體太小了不美（在極短暫的觀看瞬間裏，該物的形象會變得模糊不清），太大了也不美（觀看者不能將它一覽而盡，故而看不到它的整體和全貌──假如觀看一個長一千里的動物便會出現這種情況）。所以，就像軀體和動物應有一定的長度一樣──以能被不費事地一覽全貌為宜，情節也應有適當的長度──以能被不費事地記住為宜。[1]

這段話先講美是有客觀標準的，就是整體秩序、大小、結構。另外他還提了一個重要的理論──事物如果要顯得美，一方面要靠事物本身的特質，另一方面要靠觀眾的認識能力。在這裏，他把主觀和客觀也統一起來了。20 世紀 80 年代，中國在開展美學討論的時候，美的主客觀問題當時還是一個爭論的焦點，其實早在公元前 4 世紀，亞里士多德已經把這個問題解決了。

（四）中庸之道

　　最後簡單講一下亞里士多德關於美德的思想。美德是倫理的概念，他說「美德乃是一種中庸之道」。什麼是「中庸之道」呢？乃是兩種惡行──由於過度和不足所引起的──之間的居間者。比如，對於「勇敢」來說，它就是「魯莽」和「怯懦」之間的一個居間者，是在過度和不足之間的居間者，因此它也是一種美德。亞里士多德認為，美德必定就有以居間者為目的這個性質。

---

1 〔古希臘〕亞里士多德 . 詩學 [M]. 陳中梅，譯注 . 北京：商務印書館，2009:74 — 75.

◎〔古希臘〕阿格桑德羅斯、波利多羅斯和阿塔諾多羅斯：《拉奧孔》，大理石雕塑，約公元前1世紀，梵蒂岡博物館藏

亞里士多德一再強調，中庸不是在不足中的中庸，也不是在過度中的中庸，而是在這二者之間的中庸，而且就某些行為來說本身就不存在中庸，因為它們的惡不是由於某種激情的不足或過多所引起的，如通姦、盜竊和謀殺等。此外，就美德而言，它本身也不存在過度和不足的問題。所以亞里士多德的結論是：「既沒有一種過度和不足的中庸，也沒有一種中庸的過度和不足。」

亞里士多德的「中庸之道」有其合理之處，這就在於他提出了正確把握事物的「度」的思想。「無過無不及」（《孟子·告子下》）、「過猶不及」（《論語·先進》），與此有相似之處。它說明任何事物、情感都有自身的限度，離開了度（也就是過度與不足）就會變質，美德就會變成惡行。只有恰到好處，才是善的表現。

三、回到蘇格拉底

至今，蘇格拉底仍是西方最受尊重的思想家之一，他的死流芳千古，又時常成為人的情感折磨。這是因為在蘇格拉底一案中，一方是追求真理、捨生取義的偉大哲人，另一方則是以民主自由為標榜，被稱為民主政治源頭的雅典城邦。誰更正確、更進步、更符合歷史潮流，讓人難以判斷。但蘇格拉底的過人之處也是他的傳奇之基，這在於他熱愛雅典、忠誠於雅典、獻身於雅典，同時他又熱愛真理、熱愛青年、熱愛自由，雅典與真理同時體現在他一人身上的時候，他的選擇只能是慷慨赴死。

蘇格拉底倡導人格完整的至高無上，這種人格完整是本真的，並非訴諸諸神、法律或其他權威。他說，對哲學家來說，死是最後的自我實現，是求之不得的，因為它打開了返回真正知識的大門。自此以降，蘇格拉底強調的信仰一直是人類的精神標杆。

蘇格拉底開創了對友誼、勇氣、正義的追問，「讓人成為自己」。他說，「我與世界相遇，我自與世界相蝕，我自不辱使命，使我與眾生相聚」「人類的幸福和歡樂在於奮鬥，而最有價值的是為理想而奮鬥」。這就是蘇格拉底及其繼承者美的信念。

美在中國：秩序與自由

第四章

從兩個故事講起

前文討論了古希臘時期關於美的思想，主要講了蘇格拉底、柏拉圖和亞里士多德這「三巨頭」。這一講，我們回到中國這塊古老的土地上來，看一看兩千多年來東方的思想家是如何認識美的。春秋戰國時期，政治風雲變幻，社會動盪不安，但中華民族的思想星空可謂璀璨一時，湧現出一大批思想家，其中最有代表性的就是孔子、孟子、老子、莊子。實際上，儒家和道家開闢了兩條美的道路，代表着兩條美的線索。

先講兩個故事，讓大家從中體會不同的美。第一個是著名的孔子與曾點（字皙，又名曾皙）的故事，即「吾與點也」中的「點」。

一、第一個故事：吾與點也

子路、曾皙、冉有、公西華侍坐。

子曰：「以吾一日長乎爾，毋吾以也。居則曰：『不吾知也！』如或知爾，則何以哉？」

子路率爾而對曰：「千乘之國，攝乎大國之間，加之以師旅，因之以饑饉，由也為之，比及三年，可使有勇，且知方也。」

夫子哂之。

「求！爾何如？」

對曰：「方六七十，如五六十，求也為之，比及三年，可使足民，如其禮樂，以俟君子。」

「赤！爾何如？」

對曰：「非曰能之，願學焉。宗廟之事，如會同，端章甫，願為小相焉。」

「點！爾何如？」

鼓瑟希，鏗爾，捨瑟而作，對曰：「異乎三子者之撰。」

子曰：「何傷乎？亦各言其志也。」

曰：「莫春者，春服既成，冠者五六人，童子六七人，浴乎沂，風乎舞雩，詠而歸。」

夫子喟然歎曰：「吾與點也！」

三子者出，曾皙後。曾皙曰：「夫三子者之言何如？」

子曰：「亦各言其志也已矣。」

曰：「夫子何哂由也？」

曰：「為國以禮，其言不讓，是故哂之。」

「唯求則非邦也與？」

「安見方六七十如五六十而非邦也者？」

「唯赤則非邦也與？」

「宗廟會同，非諸侯而何？赤也為之小，孰能為之大？」

——《論語‧先進》

「吾與點也」這個故事常被引用，是《論語》的名篇。故事一開始，孔子讓學生暢所欲言，問學生們，假如有人了解你們，打算請你們出去做事的話，你們會怎麼辦呢？他的四位學生有四種回答。子路先說，如果給他一個有千輛兵車的國家，這個國家現在非常困難，比較局促地處在幾個大國中間，外面有軍隊侵犯，國內又有災荒，讓他去治理，三年就能有個樣子，什麼樣子呢？就是「可使有勇」，百姓「有勇，且知方也」，不但有勇，而且還懂得道理。

孔子笑了笑。大家注意，這個笑比較有意思，後面孔子還會講。

然後他又問冉求有什麼想法。冉求就說，如果有一個國家方圓六七十里，讓他去治理，三年後可以讓所有人過上富足的日子。和子路比起來，冉求很是謙虛，到最後他說「如其禮樂，以俟君子」，就是如果讓他們都知書達理，那他還做不到，還得讓更有能力的君子來做。

孔子問公西赤（公西華）怎麼樣。公西赤更謙虛了，他說願意做祭祀的工作，做一個小司儀。實際上，公西赤是一個很懂禮節的人，他能

◇　四子侍坐銅浮雕（程育全，程頤）

做的遠不止一個小司儀。

　　最後就是曾點，他是孔子最讚賞的一個人。曾點回答之前還有前奏，這前奏就是他彈琴接近尾聲，戛然而止，就是一下子停了下來，烘托了一下氣氛，也是提醒大家注意：他要回答問題了。他站起來回答說，他的志向和其他三位都不一樣，他想像的生活是在暮春三月（「莫春」，「莫」通「暮」，暮春就是春天的末尾），大家都穿上春天的衣服。「冠者」就是加冠的人，「冠者五六人」，即已經成年的五六個人，再加上六七個小孩，一起在沂水邊上洗洗澡，在舞雩台上吹吹風。舞雩台就是求雨的台子。「詠而歸」，是說一路唱着歌回來了。曾點如此描述了一個他所嚮往的場景。孔子長歎一聲，非常明確地表態：「我太贊同你的這個說法了！」這就是「吾與點也」的出處。

　　等前面三位學生都走了，曾點留下來，他問孔子這三個同學回答得

怎麼樣。孔子説，不過是各人説出各人的志向。曾點問他：「那您為什麼笑子路呢？」孔子説：「為國以禮，其言不讓，是故哂之。」治國還是要用禮來治，「其言不讓」，不夠謙虛，所以笑他。孔子後面又説，公西赤是一個很懂禮儀的人，如果他只做一個小的司儀，那誰能做更大的事呢？

「治國以禮」是貫穿整個儒家思想的重要觀點。這一段主要就是講在「治國以禮」的大背景下，我們應該怎麼做。雖然四位弟子有不同的志向，但要治理國家，一方面要講禮節，另一方面還是要謙虛。在孔子這裏，謙虛是一種美德。「吾與點也」反映出孔子在提倡為國以禮的同時，也明確表達了對於張揚個體人格的追求和對人身自由的嚮往。春天的時候，穿着春服，和幾個志同道合者一起去洗洗澡，然後高高興興唱着歌回家。這不是一種很美的境界嗎？在「治國以禮」的同時，孔子提倡張揚個性、肯定個體的價值，但其主張的對個性的褒揚還是要建立在禮的基礎上。

宋代著名的理學家朱熹關於孔子這個故事有一段評價：「即其所居之位，樂其日用之常，初無捨己為人之意。」（〔南宋〕朱熹《四書章句集注》）它講的是孔子讚賞曾點的原因，正是因為曾點做的都是日常小事，沒有什麼捨己為人的大理想，但其內心是完滿的，這一切都以自身人格的完善為前提。實際上，這與孔子講的「志於道，據於德，依於仁，遊於藝」（《論語·述而》）是一脈相承的，最終都落腳到「遊於藝」上，是張揚個性和生命價值的一種體現，就是說人的價值要表現生命之美，而這種美不是虛無縹緲的，是實實在在體現在日常生活之中的。

二、第二個故事：北冥有魚

　　北冥有魚，其名為鯤。鯤之大，不知其幾千里也。化而為鳥，其名為鵬。鵬之背，不知其幾千里也。怒而飛，其翼若垂天之雲。

是鳥也，海運則將徙於南冥。南冥者，天池也。

　　《齊諧》者，志怪者也。《諧》之言曰：「鵬之徙於南冥也，水擊三千里，搏扶搖而上者九萬里，去以六月息者也。」野馬也，塵埃也，生物之以息相吹也。天之蒼蒼，其正色邪？其遠而無所至極邪？其視下也，亦若是則已矣。

——《莊子·逍遙遊》

　　「吾與點也」的語言氣勢比較平和，而《莊子》的句子則不同，開篇可謂排山倒海、氣勢磅礴。莊子的語言很美，從文學的角度講，他也是後人非常推崇的大家。

　　這段話是什麼意思呢？是說北海有一條魚，名字叫作鯤，有人解釋北冥就是現在的北極。鯤的體型巨大，有幾千里長，身體可以化為鳥，其名為鵬，鵬之背又是幾千里長。「怒而飛」不是發怒，而是振奮的意思，形容鼓動翅膀飛起來的樣子。梁啟超在《少年中國說》裏講鷹隼「風塵翕張」，就是鳥兒扇動翅膀。鯤比梁啟超的「風塵翕張」還厲害百倍，「其翼若垂天之雲」就是遮天蔽日。這只大鳥隨着海上洶湧的波濤遷徙到南方的大海，南邊就是天池。這是莊子的想像。

　　後面莊子做了一點解釋，《齊諧》是記載一些怪異故事的書，書中記載，當鵬往南海遷徙的時候，一擊水就飛行三千里，旋風環繞升騰九萬里，表現了宏大的氣象，然後講鵬從高空上往下看的情景，如野馬奔騰一樣的遊氣，飄飄揚揚的塵埃，天空蒼茫、遼闊無盡的樣子。可見，莊子的想像力是多麼非凡！這種來自兩千多年前的想像，比我們現在看的一些電影大片還要超群，表現力還要強。毛主席的《念奴嬌·鳥兒問答》中有「鯤鵬展翅，九萬里，翻動扶搖羊角」的詩句，可能也受到莊子的啟發。

　　「北冥有魚」是莊子《逍遙遊》的第一個故事，實際上講的是他自己心目中的逍遙之路，那就是追求個人內心世界的解放。在浩瀚的海洋之上，九萬里巡天，體現了天地的無限雄偉、廣闊和悠遠，同時體現了人

對無限自由的追求。在九萬里高空，飛動着幾千里長的身體，連脊背都幾千里寬，這種對精神自由的追求，與萬物同遊、與天地同在的人生理想，是莊子關於美的重要表現。寫物就是寫人，以物擬人，表達了對無限自由的嚮往和追求。

秩序之美

從以上兩個故事中，我們可以領略儒家和道家各自的重要特點，可以簡要概括為以孔子為代表的儒家的美是一種秩序的美，以莊子為代表的道家的美是一種自由的美。

先來看一看兩種美產生的時代背景，即秩序美和自由美的兩個背景。

一、時代背景與思想基礎

大家都知道，中國是一個幾千年來保持着統一性和連續性的文明古國，儒家的美、道家的美，再加上屈原的思想，還有禪宗的美，這四個方面構成了中國美學的精神和靈魂。其中最重要的是儒家和道家這兩條線索，後來的屈原和禪宗都和這兩條線索密切相關，都是在秩序美和自由美的基礎上發展而來的，但萬變不離其宗，都沒有脫離這兩條主線。

孔子站在維護早期奴隸制的立場上，對西周社會的繁榮充滿着追懷眷戀之情，這是儒家的秩序美產生的背景。孔子對周禮一直懷念有加，即使歷史進程已經到了春秋時期。道家是什麼情況呢？老莊是沒落氏族貴族的代表，他們追懷的不是西周奴隸社會，而是更為遠古的原始氏族社會，他們更加嚮往人的自由、嚮往無階級的社會，這和孔子是不同

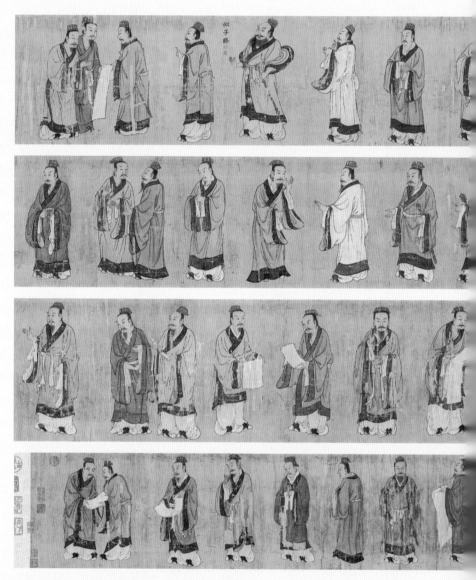

◎〔唐〕閻立本：《孔子弟子像卷》，中國國家博物館藏

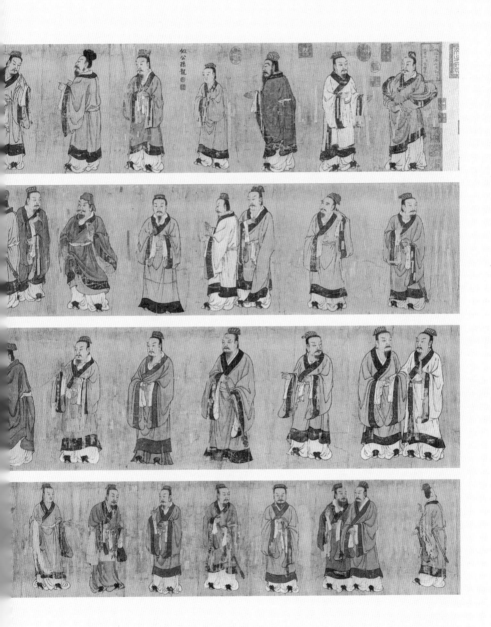

的，他們關於美的思想、美的認識與形成的觀點也是不同的。儒家思想是與西周社會繁榮時期所表現出來的古代民主和人道精神密切聯繫的，其社會基礎就是氏族血緣關係。其整個哲學體系、思想體系的核心和基礎就是仁者愛人。仁是儒家思想的根本，對審美和藝術在社會生活中的作用給予了足夠的重視。春秋戰國是中國歷史上非常黑暗的一個時期，戰亂紛爭、民不聊生、社會動盪，孔子認識到無論人類經歷怎樣的黑暗痛苦，無論經過多麼動盪的時期，人應有的社會價值都是應該肯定的。

儒家主要活動在當時的中國北方 —— 現在的山東曲阜、鄒城一帶，兩個縣城相距約 25 千米。道家是活動在保存了更多原始氏族遺蹟的南方。所謂南方，也就是河南一帶，莊子大概就是河南商丘一帶的人。老子的生活區域傳說更往南一些，在河南的中南部，比儒家生活的地方經濟上還落後一點。老子更加追懷當年遠古的氏族社會，他們看到了奴隸制社會人與人爭奪的殘酷無情，看到了這種相互爭奪的無恥行徑。道家也深刻揭露了人類進入階級社會後的異化現象，人類生產的東西反而把人類自己控制住了。所以道家更加熱愛生命，追求個體的絕對自由，主張超功利，在審美和對美的理解上比儒家更加深刻。

孔子關於美的思想基礎，最重要的一句話就是「克己復禮為仁」（《論語‧顏淵》）。這是什麼意思呢？就是控制自己各方面的衝動，包括情緒、行為，這是「克己」；「復禮」是讓自己的言語行動符合禮的要求。做到這兩個方面，就達到了「仁」，這是孔子最核心的思想。為什麼孔子關於美的核心是秩序呢？因為仁就是要控制自己，要符合禮的要求、規範、秩序。美之所以是秩序美，就是從這兒來的。

我們再來看一看孔子對仁和禮的進一步論述：

> 顏淵問仁。子曰：「克己復禮為仁。一日克己復禮，天下歸仁焉。為仁由己，而由人乎哉？」

　　　　顏淵曰：「請問其目。」子曰：「非禮勿視，非禮勿聽，非禮勿言，
　　非禮勿動。」
　　　　顏淵曰：「回雖不敏，請事斯語矣。」

——《論語·顏淵》

　　顏淵問什麼是仁，孔子回答「克己復禮為仁」，然後接着說「一日克
己復禮，天下歸仁焉」，一旦做到了「克己復禮」，天下都會稱你是仁人。
「為仁由己，而由人乎哉」就是說為仁得全靠自己，而不是其他人的事。
顏淵接着問他該怎麼做，子曰「非禮勿視，非禮勿聽，非禮勿言，非禮勿
動」，就是說不合禮的事不看，不合禮的話不聽，不合禮的話不說，不合
禮的事不做，一切以禮的規範來約束自己，這就是「克己復禮為仁」。

　　還有一段也是關於禮的說法：

　　　　仲弓問仁。子曰：「出門如見大賓，使民如承大祭。己所不欲，
　　勿施於人。在邦無怨，在家無怨。」
　　　　仲弓曰：「雍雖不敏，請事斯語矣。」

——《論語·顏淵》

　　孔子說，仁就是出門就好像要去接待貴賓一樣，役使百姓要像舉行
大的祭祀大典一樣嚴肅認真、小心謹慎。下面一句是著名的「己所不欲，
勿施於人」，自己不想做的，不要讓別人去做，不要強加於人。孟子在這
方面還有一句話，「行有不得者皆反求諸己」（《孟子·離婁上》），你的行
為結果沒有達到目的，要反過來問一問自己做得好不好。所以孔孟是一
脈相承的。然後講「在邦無怨，在家無怨」，就是在工作崗位上對工作不
要抱怨，不在工作崗位上時也不要抱怨。怎麼才能不抱怨呢？只要做到
「己所不欲，勿施於人」「行有不得者皆反求諸己」就不會抱怨了。這是孔
子的解決之道。

　　仁到底是什麼？孔子有一句最明確的回答：

　　　　樊遲問仁。子曰：「愛人。」

——《論語·顏淵》

　　樊遲問孔子什麼是仁，孔子回答「愛人」。愛人愛己，就會成為仁人。孔子站在氏族貴族的立場上，對由原始巫術、禮儀演化而來維護氏族貴族統治的周禮堅決維護。在禮崩樂壞的春秋時期，孔子提出「仁者愛人」的思想是有其時代價值的。禮是建立在血緣關係基礎上的親人之愛，是人性的內在追求。秩序之美，內在的表現形式是仁，就是每個人內心要符合仁的要求；外在的表現形式是禮，就是各種社會規範。

　　其實孟子對於仁和禮方面也有一些論述。孟子講的「義」和「愛人」的意思一樣。

> 　　生亦我所欲也，義亦我所欲也；二者不可得兼，捨生而取義者也。
>
> ——《孟子‧告子上》

> 　　孟子曰：「仁之實，事親是也；義之實，從兄是也；智之實，知斯二者弗去是也；禮之實，節文斯二者是也；樂之實，樂斯二者，樂則生矣；生則惡可已也，惡可已，則不知足之蹈之手之舞之。」
>
> ——《孟子‧離婁上》

　　「仁」的內容是侍奉父母，「義」的內容是聽兄長的話。實際上孟子和孔子講的都是一個意思，仁義道德就是一定要尊賢愛幼。「老吾老，以及人之老；幼吾幼，以及人之幼」（《孟子‧梁惠王上》），就是敬老尊賢、尊老愛幼。而在仁義和生命有矛盾的時候要捨生取義，仁義是高於生命的，是至高無上的理論核心。

　　以上就是秩序美產生的時代背景和理論基礎。

二、秩序美的三個表現

1. 人與自然

　　第一個關係是人與自然。關於人與自然，孔子在《論語》裏面用最精闢的概括把人和自然的關係講得比較透徹：

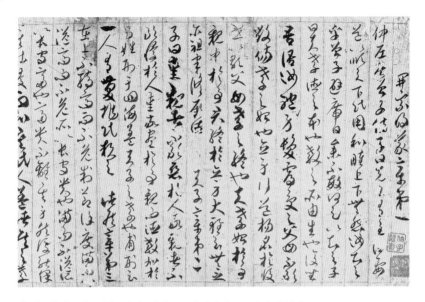

◎〔唐〕賀知章：《孝經》（局部），日本宮內廳三之丸尚藏館藏

　　子曰：「知者樂水，仁者樂山。知者動，仁者靜；知者樂，仁者
壽。」

——《論語・雍也》

　　智者和水的關係、仁者和山的關係，就是人類和自然的關係。在儒
家的心中，人同自然在長期的歷史過程中形成了這種共生共存的親切關
係。自然在經過人的實踐、改造的基礎上，能夠在情感、心理上感染人，
就成了美的東西，和人有一種情感的互動。實際上，人的情感對自然的
這種人化，就是馬克思說的自然的人化。正是因為人對自然的認識不
同，仁者與智者的精神品質不同，所以人對自然山水的喜愛也不同。

　　一定的自然對象之所以能夠引起人們的喜愛，是因為它具有某種和
人的精神品質相似的形式結構。智者的動與水川流不息的動態形式是相
似的，體現了智者的敏銳。所以孔子在《論語》裏也講過「知者不惑，仁

者不憂」（《論語‧子罕》）。因為智者比較敏鋭，所以他是不惑的。仁者
的靜與山偉岸挺立的靜態形式是相似的，體現了仁者的寬厚沉着，所以
仁者才會不憂。《論語》裏的很多東西都是有聯繫的，認真讀的話可以引
發無窮聯想，一千個人對《論語》就有一千種理解。

　　這段話第一次揭示了人與自然相互感應、交流的關係。不僅僅是講
自然，也不僅僅是講人，而是人和自然的交流使人產生了精神上的感應
和共鳴，這是這段話的重要意義。孟子也講過「上下與天地同流」（《孟
子‧盡心上》），實際上是天人合一的另一種説法。他們都對幾千年來
人與自然的關係把握得非常準確，把握了人和自然在精神層面的相互交
流、感應的意義。古代的思想家能對人與自然有這樣的認識，是中國傳
統中很少見到神祕的宗教崇拜的一個重要原因。

　　2. 個體與社會

　　第二個關係是個體與社會。關於個體與社會的認識以及個體與社會
的關係之美，先來看論語裏的兩段 ——「鳥獸不可與同群」（《論語‧微
子》）和「子曰：『今之孝者，是謂能養。至於犬馬，皆能有養；不敬，何
以別乎？』」（《論語‧為政》）這兩段是講人和動物的區別，就是鳥獸不
可與人同群。孔子明確提出人和動物不可相提並論。後面他講孝順就是
能夠贍養父母，但是犬馬也能，那麼人與動物的區別在哪兒？「不敬，何
以別乎？」「敬」就是一種情感，動物沒有這種情感。首先要區分人與動
物，然後才有個體與社會的關係。

　　人如何處理與社會的關係呢？孔子説：「人而不仁，如樂何？」（《論
語‧八佾》）「樂」是仁的表現，只有表現內在的仁義價值的時候，樂才會
有價值。美必須具有社會意義和價值，超越了狹隘的功利目的，在更廣
泛的內容和作用上有利於社會發展才會有意義。內心的仁再高大，有再
多的仁義道德，但對社會無用，也是不行的。所以有人評價孔子是第一

個高揚了個體人格的主動性的思想家，他要求人在符合仁的要求的情況下，不越出禮的規範，同時要對社會產生重要影響，要做一個對社會有用的人。正是因為他的這種深刻認識，從根本上決定了孔子在對美的認識上第一個對審美和藝術這種社會現象提出了更為深刻的具有普遍意義和長遠價值的見解。他認為的個體和社會的關係，實際上是由個體內在倫理要求所自覺支配着的個人與社會規範之間的關係。他要求個體心理欲求是仁的也好，不是仁的也罷，都要和社會的倫理規範交融統一，這樣才能產生有秩序的美。

關於個體的社會性，孔子在論述美和善的關係時，比較集中地講了個體和社會的關係。

> 子謂《韶》，「盡美矣，又盡善也」。謂《武》，「盡美矣，未盡善也」。
>
> ——《論語·八佾》

為什麼說《韶》既盡善又盡美呢？就是因為韶樂歌頌了堯舜的禪讓精神，這種品德是盡善的，而武樂是講武王征伐取天下，不是盡善的，但這兩種音樂在形式上都是很美的。這個觀點也非常明確地體現了個體和社會的關係問題。在美的方面，孔子追求盡善又盡美。所謂盡善盡美，就是形式上是美的，內容上也要是美的。個體力求要滿足包括審美在內的各種感性的心理欲求，這種心理欲求又只有通過社會才能得到滿足。美不是自動存在的，是個體與社會互動的結果，並且要受到社會規範的制約。這是關於個體與社會的關係。

3. 情感與理性

第三個關係是情感與理性。「樂而不淫，哀而不傷」（《論語·八佾》），「臨喪不哀」（《論語·八佾》），「喪致乎哀而止」（《論語·子張》），這幾句話大家也比較熟悉，特別是第一句。孔子的意思是，在表達情感

的時候要有所節制，這也是秩序美的內在要求。儒家認為，導入現實的社會倫理道德規範之中的個體情感，是由理性所節制的情感。這三句話分別講了個體和情感三個層面的關係，總體來講就是情感要受理性控制、情感要和外部世界有必然聯繫、藝術對情感的反映和現實是分不開的。

　　其實中國傳統文化中對情感和理性的關係講得比較多。比如「發乎情，止乎禮義」（《毛詩序》），和孔子說的是一個意思，合乎倫理道德的情感一定是合乎規範的，一定不是非理性的、無節制的。所以中國幾千年的傳統文化，一直要求我們理性地控制情感的閘門，不要陷入粗野的情緒發泄中，包括文學作品和現實生活中也很少有神秘或者狂躁的情緒衝動，這和幾千年的秩序要求有關。什麼是美的情感？它一定是有節制的情感，比如說表達愛情時往往是含蓄唯美的。

三、什麼是最美？——文質彬彬

　　什麼是最美的？在孔子那裏就是四個字：文質彬彬。

　　　　子曰：「質勝文則野，文勝質則史。文質彬彬，然後君子。」

　　　　　　　　　　　　　　　　　　　　　　　　——《論語·雍也》

　　在孔子和孟子的論述裏面，君子就是美的代表，是美的代言人。君子是什麼樣的呢？「興於《詩》，立於禮，成於樂」（《論語·泰伯》），「志於道，據於德，依於仁，遊於藝」（《論語·述而》），都是對君子的要求，或者是君子的行為表現。還有孟子講的浩然之氣，如「其為氣也，至大至剛」（《孟子·公孫丑上》），實際上也是對君子非常好的要求和概括，即至剛至大，浩然之氣。但是不管怎麼講，最終都要回到「文質彬彬，然後君子」上，這是對美的最佳概括。

　　我們首先來看一下關於文和質。文實際上就是禮，質就是仁。文質

彬彬，是仁和禮恰到好處的結合，就是內心的仁和外在的禮的完美統一。

關於文，在《論語》裏面有這麼一段話：

> 子曰：「大哉堯之為君也！巍巍乎！唯天為大，唯堯則之。蕩蕩乎，民無能名焉。巍巍乎其有成功也，煥乎其有文章！」
>
> ——《論語・泰伯》

很多人引用這段文字的時候，就用一句「煥乎其有文章」來講解文章。實際上，這一段講的是堯作為君主時的一些豐功偉績，前面是講堯的豐功偉績，最後講的是「煥乎其有文章」。這裏的「文章」是指禮儀制度，但是很多人理解錯了。正確的理解應該是堯不僅有豐功偉績，禮治也很完美。這裏的文顯然就是禮。

另外一句，《顏淵》裏面講：

> 子曰：「博學於文，約之以禮，亦可以弗畔矣夫！」
>
> ——《論語・顏淵》

這句話講了文和禮，其實沒什麼更深的含義，就是學禮守規。「博學於文」，就是學禮；「約之以禮」，就是守規。《論語・憲問》裏面講「文之以禮樂」，文就是禮。所以總結一下孔子的說法，文就是禮。但後來進一步發展，到了司馬光那裏，他就講「古之所謂文者，乃詩書禮樂之文，升降進退之容，弦歌雅頌之聲」（〔北宋〕司馬光《傳家集》）。還有更多的內容，但不管如何衍生，「升降進退之容」是一種形式，「弦歌雅頌之聲」也是一種形式，內容增加了，但總體上還是禮的外在形式。

關於質，質就是「仁」。

> 君子義以為質，禮以行之，孫以出之，信以成之。君子哉！
>
> ——《論語・衛靈公》

「質」指的是人內在固有的堅定倫理品質，也就是「仁」。有了「質」之後，人在行動的時候是按照禮的要求來做的。「孫以出之」是指說話的時候很謙遜，「信以成之」是指以誠信成就事業。《論語・顏淵》裏面講

「夫達也者，質直而好義」，聞達之人，質直而好義，質是講仁義。質作為內在的仁，含義是很清楚的。其次，我們再來講一講「質勝文則野，文勝質則史」（《論語‧雍也》）。「質勝文則野」就是質樸勝過了文飾，在外在形式不夠美的情況下，就顯得比較粗野；「文勝質則史」就是外在的形式多的時候，就顯得比較浮華。這裏面不太好理解的就是「史」字。「史」在古文字裏和《詩經》的「詩」以及志向的「志」是相通的，引申的意思就是浮華無實，也有人理解「史」是史官的「史」。總體來講，「史」還有浮華的意思。「文勝質」時，文會變得沒有內容或內容比較少，顯得虛浮。在文和質裏面，孔子很顯然是把仁作為美的內容實質，把禮作為美的形式表現。只有內容和形式融合得比較好的時候才能達到完美的統一，才能表現出君子言行各個方面的美和教養，才能做到君子內在的仁義品質和以禮為核心的外在表現形式相統一，而達到「文質彬彬」的境地。

這裏面比較重要的是，儒家已經看到了人的社會存在，應該有與之相稱的社會性形式。人如果是作為一個君子存在的話，他一定要有與之相稱的社會性的表現形式，這個認識在當時是很不容易的。

同樣，孟子對君子的論述和「文質彬彬」也有相同的地方。他在《孟子‧盡心上》裏面講了「君子所性，仁義禮智根於心」這樣一個特點。他講君子的特點是將仁義禮智根植於心。

> 其生色也睟然，見於面，盎於背，施於四體，四體不言而喻。
>
> ——《孟子‧盡心上》

君子的特點就是仁義禮智要根植於內心。將仁義禮智根植於內心後，你的面容都會讓人感到比較美好，表現在身體上，背部、四體都能表現出仁義禮智。這是君子內心根植仁義禮智之後的表現，和孔子講的「文質彬彬」基本是一個意思。

在孔子的時代，「文質彬彬，然後君子」也是有人反對的。《論語·顏淵》裏，有人講：「君子質而已矣，何以文為？」即君子有質就可以，有沒有文不太重要。後來孔子的學生子貢就反駁說「文猶質也，質猶文也，虎豹之鞟猶犬羊之鞟」（《論語·顏淵》），即文和質都需要，去了毛的虎豹的皮和犬羊的皮可能是一樣的，但是帶着毛時肯定是不一樣的。後人對質和文也有不同的見解。韓非子也是好質而惡飾的，他認為質是根本，不主張紋飾。

君子是儒家的理想，要求「文」和「質」兩者完滿統一。這種統一是美的統一，即君子外在的言語、容色、行為符合「禮」的美，內在的高尚道德品質要符合「仁」的美，兩者之間高度統一。文質彬彬不僅是人自身內容和形式的統一，更重要的是人與社會、與自然的完滿統一。人的存在達到了「文質彬彬」是一種美，內在修養符合社會規範則是更高的理想，體現了在「禮」的要求之中的秩序之美的完整統一。

自由之美

本講接着上一講「美的兩條線索」講，上一講主要講了孔孟的秩序美。秩序美以仁和禮為主要特徵，即內在的仁和外在的禮。本講主要介紹老莊的自由美，自由美是張揚個性和追求人的自由和最大限度的解放。下面從三個方面介紹：第一個方面是自由美產生的思想背景；第二個方面是自由美的主要表現形式；第三個方面是老莊的特色，對美與醜的關係的認識。

一、思想背景

　　先講一下思想背景，老子和莊子對自由美的認識。從美的角度來看，莊子在美的方面論述更多，老子在思想背景方面做出的貢獻更大。老子的貢獻就是大家常講的道。道是什麼呢？道的核心就是「無為而無不為」（《老子·道德經》）。這個淵源是反對儒家的，也就是反對孔孟。老子認為，禮是禍亂的根源，主張無為而治，以無為代替有為，順其自然，不要人為地去干預，這是他的一個基本出發點。但同時，他認為這樣又不是完全的無所作為，恰恰是能夠成就一切事情的。他覺得無為而治才能讓人民自由快樂地生活，統治者才能永葆江山。這就是無為無不為，實際上就是順應客觀規律來達到目的。如果人為地破壞規律，那就不是無為，也不利於社會的秩序化及其發展。道的根本特徵，就是無為無不為。他認為這種道是先於天地而存在的，同時也是無形的實體，和柏拉圖的理念說 —— 一種實實在在存在的理念是一致的，也是唯心主義的。他從道出發，要求個體順從自然規律實現個體生命自由發展。

　　老子用「道」來說明美，孔子用「仁」「禮」來說明美，兩者之間有較大的區別。老子對美的認識第一次深刻觸及了美之所以為美的本質特徵，不再只停留在對美和社會倫理關係的認識上。而孔子所有對美的認識都基於「仁」，通過「禮」的形式來處理人際關係，包括各種禮儀，他認為是一種美。當然，到現在我們也認為這是一種美，但是孔子對美的認識都是從社會倫理關係出發的。老子主張順應客觀的自然規律，用道來解釋尋求個體生命自由發展的過程。他認為這種自然產生的美、最終追求無限自由的美才是最高的美、最樸素的美，這是巨大的進步。

　　莊子就是在老子的這種核心思想 —— 道的基礎上來看待美的。莊子是商丘人（戰國時宋國的蒙邑，今河南商丘的東北部），生活在公元前

◎〔明〕張路：《老子騎牛圖》，紙本設色，台北故宮博物院藏

369 年到公元前 286 年，和孟子差不多。他生活在諸侯紛爭、戰亂頻仍、社會動盪的戰國前期，對昏君亂象感到無比憤怒，而對身處苦難中的弱勢平民給予了無限同情。莊子的思想傾向與他生活的年代及他對不同階層的感情有很大關係。他曾做過蒙邑的漆園小吏，比較同情社會下層的民眾。他的主要觀點依於道而展開，無為無不為。相較於老子，他對道的發展和認識又進了一步，進一步看到了人的異化，簡單講就是看到了人自己創造的東西限制了人本身的發展。人自己創造的東西，不光是器物，還包括制度、體制，反過來限制了人的發展。馬克思主義所說的「異化」也基本上是這個含義，只不過主要是從階級觀念來講的。莊子看到異化的同時，就以反對人的異化、追求個體的無限和自由為自己的思想核心，其中最重要的一個表現就是他反對人有過多的慾望。

個體的自由和無限的實現，正是美之為美的本質所在，也是解決美之謎的關鍵所在。美最終還是落在自由美上，而道是一切美的根源，是超出了一切功利的自由境界，最無限、最自由的境界也是最高的美。其實，老子也看到了異化對人的負面影響，他主要是講聲色之美對人的一些不良影響，對聲色之美的追求會損害人的生命。所以他主張無知無慾，不要成為慾望的奴隸，這個思想一直到現在還是非常深刻、非常有意義的。

二、主要表現形式

下面介紹自由美的三個主要表現形式，即自然之美、自足之美和自由之美。

(一) 自然之美

第一個表現形式是自然之美。在這方面，莊子講過兩個故事，其一

是兩棵大樹的故事。莊子的觀點主要是用寓言故事的形式來表現，有時候他會假託孔子與其弟子的對話來表現。

1. 兩棵大樹

匠石之齊，至於曲轅，見櫟社樹。其大蔽數千牛，絜之百圍，其高臨山十仞而後有枝，其可以為舟者旁十數。觀者如市，匠伯不顧，遂行不輟。

弟子厭觀之，走及匠石，曰：「自吾執斧斤以隨夫子，未嘗見材如此其美也。先生不肯視，行不輟，何邪？」

曰：「已矣，勿言之矣！散木也。以為舟則沉，以為棺槨則速腐，以為器則速毀，以為門戶則液樠，以為柱則蠹，是不材之木也。無所可用，故能若是之壽。」

匠石歸，櫟社見夢曰：「女將惡乎比予哉？若將比予於文木邪？夫柤梨橘柚果蓏之屬，實熟則剝，剝則辱。大枝折，小枝泄，此以其能苦其生者也。故不終其天年而中道夭，自掊擊於世俗者也。物莫不若是。且予求無所可用久矣！幾死，乃今得之，為予大用。使予也而有用，且得有此大也邪？且也，若與予也皆物也，奈何哉其相物也？而幾死之散人，又惡知散木！」

匠石覺而診其夢。弟子曰：「趣取無用，則為社何邪？」

曰：「密！若無言！彼亦直寄焉！以為不知己者詬厲也。不為社者，且幾有翦乎！且也彼其所保與眾異，而以義喻之，不亦遠乎？」

　　　　　　　　　　　　　　　　　　　　——《莊子·人間世》

這是第一棵大樹的故事。木匠石到齊國去，見到了一棵被人當作神樹的櫟樹，這棵樹非常大，「絜之百圍」就是有百尺粗，樹身高達山頭，好幾丈以上才長了樹枝，有十幾條枝幹都能夠做小船。來看樹的人像趕集的一樣多，這個木匠卻沒有看它，仍然往前走。弟子就問他的師父：「自從我跟隨您當學徒以來，就沒有看見過這麼大的木材，您怎麼就是往前走，也不看它？」師父回答：「這個樹是散木，沒什麼用，做船會沉，

◎〔北宋〕郭熙：《窠石平遠圖》，絹本設色，故宮博物院藏

做棺材會腐化得很快，做成器物也會毀得很快，做門會有很多汁液滲
出，做柱子會被蟲蛀，所以這木頭沒什麼用。」木匠回去以後，櫟樹託夢
給他，說之所以現在能長這麼大，就是因為沒什麼大用。「無所可用，故
能若是之壽。」這是他點題的話。弟子又問：「那為什麼它還成為社樹了
呢？」（我理解為，它是一種祭祀用的樹。）師父說：「假使它不做社樹，
豈不就遭到砍伐之害嗎？」這故事的主要目的就是說，大而無用，是無用
之用，因為無用才能存在，這也符合莊子「無為無不為」這一核心思想。

　　惠子謂莊子曰：「吾有大樹，人謂之樗。其大本擁腫而不中繩
　　墨，其小枝捲曲而不中規矩，立之塗，匠者不顧。今子之言，大而
　　無用，眾所同去也。」

　　莊子曰：「子獨不見狸狌乎？卑身而伏，以候敖者；東西跳梁，

不辟高下；中於機辟，死於罔罟。今夫犛牛，其大若垂天之雲。此
能為大矣，而不能執鼠。今子有大樹，患其無用，何不樹之於無何
有之鄉，廣莫之野，彷徨乎無為其側，逍遙乎寢臥其下。不夭斤
斧，物無害者，無所可用，安所困苦哉？」

——《莊子・逍遙遊》

第二棵大樹是樗樹。樗就是臭椿，主幹上長了很多瘤子，上面坑坑
窪窪，無法使用繩墨和規矩這些木匠用的工具，最後講「今子之言，大
而無用，眾所同去也」，總之就是沒有用處。莊子是一個比較善於辯論的
人，他也講了一個故事。他問惠子：「你不曾看見那野貓和黃鼠狼嗎？它
們低着身子匍匐於地，等待那些出洞覓食或遊樂的小動物，東西躍跳掠
奪，不避高低，往往踏中捕獸的機關，死於獵網之中。犛牛體型大，卻
不能抓老鼠。你有那麼大的一棵樹，卻認為無用，怎麼不把它移到荒野
裏，悠然自得地徘徊於樹旁，悠遊自在地躺臥於樹下呢？如果我們把它
放在合適的地方，還是有一定用處的。」這比上一個故事更進一步，認為
無用之用本身就是一種用處。

這兩個故事說明什麼？還是老子講的道法自然，還是要從自然的角
度去考慮問題。兩棵樹的無用之用恰恰就說明了它們的用處是自然的用
處，其實並不需要人工雕琢。

2. 大巧若拙

巧而不拙，其巧必勞。付物自然，雖拙而巧。

——〔清〕魏源《老子本義》

搞藝術的人常常會遇到一個問題——巧拙之間的均衡把握。大巧若
拙是老子提出的，就是用道的自然無為來解決巧的問題。巧不是不顧自
然規律去賣弄自己的聰明，而是處處順應自然規律，自然而然地實現自
己的目的。蘇轍曾說「巧而不拙，其巧必勞」，巧而不拙，其巧必然是無
謂的辛勞；「付物自然，雖拙而巧」，即用自然的方式來處理，看着拙，但

其實是巧的一種表現。這種巧拙的辯證關係講得非常清楚。人類的很多傑作大多是自然天成的，沒有人為造作的痕跡，乍一看似乎是非人力所為，實際上是大巧若拙。

自然美的最後一個部分，可以用莊子的一段話概括：

> 天地有大美而不言，四時有明法而不議，萬物有成理而不說。
>
> ——《莊子·知北遊》

天地覆載萬物，有種宏大的美，不憑藉語言也能呈現。四季有分明的規律卻不議論。萬事萬物有生成的條理，也不用表達而可成立。歸結起來就是美存在於自然中，為天地所具有。人能體驗到的美和天地的大美合二為一，才是真正的美。人要通過對自然的了解去尋找美，而不是到某種超自然的、神祕的世界裏去尋找。這個認識還是非常唯物主義的。道這個概念是唯心的，但在美的認識上是唯物的。西方人，特別是與宗教相關的西方人，往往到超自然的神祕世界尋找美。天地之美體現的是道的根本特性，天地之美產生的根本原因就是無為而無不為。

這一段話後面還有一句，「聖人者，原天地之美而達萬物之理，是故至人無為，大聖不作，觀於天地之謂也」（《莊子·知北遊》）。聖人推究天地的大美而通達萬物的道理，所以要順應自然，不要妄自造作，這是取法於天地。人和自然高度一致才能產生天地的大美，體現了道自然無為的根本特性。道不需要用規矩、繩墨去衡量或打造，無為而無不為，是天地有大美的根本原因。

> 吾師乎！吾師乎！齏萬物而不為義，澤及萬世而不為仁，長於上古而不為老，覆載天地、刻雕眾形而不為巧。此所遊已！
>
> ——《莊子·大宗師》

調和萬物卻不以為義，澤及萬世卻不以為仁，長於上古卻不算老，覆天載地、雕刻各種物體的形象卻不以為靈巧，這是遊心的境地啊。這一段話進一步闡釋了順其自然的道理。

常然者，曲者不以鉤，直者不以繩，圓者不以規，方者不以矩，附離不以膠漆，約束不以纆索。

——《莊子·駢拇》

天下事物的本然真性就是曲的不用鉤，直的不用繩，圓的不用規，方的不用矩，黏合的不用膠漆，綑縛的不用繩索，意思還是要順其自然，不要人為地去改變事物。

（二）自足之美

1. 小國寡民

第二個表現形式就是自足之美。最有名的就是老子的這段話：

甘其食，美其服，安其居，樂其俗。鄰國相望，雞犬之聲相聞，民至老死，不相往來。

——《老子》

就是說人們認為自己的飲食甜美、認為自己的衣服漂亮、認為自己的風俗快樂、認為自己的居所安適，鄰近的國家相互望得見，甚至雞鳴狗叫的聲音都能聽見，但人們直到老死也不相往來。這就是自得其樂、自給自足的思想。

2. 吾將曳尾於塗中

莊子釣於濮水，楚王使大夫二人往先焉，曰：「願以境內累矣！」

莊子持竿不顧，曰：「吾聞楚有神龜，死已三千歲矣，王以巾笥而藏之廟堂之上。此龜者，寧其死為留骨而貴乎？寧其生而曳尾於塗中乎？」

二大夫曰：「寧生而曳尾塗中。」

莊子曰：「往矣！吾將曳尾於塗中。」

——《莊子·秋水》

這是《莊子》裏面的一個故事，莊子在濮水釣魚，楚王讓兩個大夫去找他，想讓他到楚國來做官。莊子說：「我聽說楚國有一隻神龜，已經

◈〔宋〕李唐:《濠梁秋水圖》

死了三千年了,大王用布巾將它包好放在竹匣中珍藏在廟堂上。請問,這只神龜是願意死去留下骨頭讓人珍藏呢,還是寧願在泥巴裏拖着尾巴爬行呢?」來勸他的兩人說,那還不如在泥巴裏爬行呢。莊子說:「那你們走吧,我也願意在泥裏拖着尾巴活。」這種心態便是自足,不願讓高官厚祿束縛了自己,安於逍遙自在的現狀。這也是莊子人格獨立、追求精神自由的體現。

3. 屠羊說的故事

　　楚昭王失國,屠羊說走而從於昭王。昭王反國,將賞從者,及屠羊說。屠羊說曰:「大王失國,說失屠羊;大王反國,說亦反屠羊。臣之爵祿已復矣,又何賞之有哉!」

　　王曰:「強之!」

　　屠羊說曰:「大王失國,非臣之罪,故不敢伏其誅;大王反國,非臣之功,故不敢當其賞。」

　　王曰:「見之!」

　　屠羊說曰:「楚國之法,必有重賞大功而後得見,今臣之知不

足以存國而勇不足以死寇。吳軍入郢，說畏難而避寇，非故隨大王也。今大王欲廢法毀約而見說，此非臣之所以聞於天下也。」

王謂司馬子綦曰：「屠羊說居處卑賤而陳義甚高，子綦其為我延之以三旌之位。」

屠羊說曰：「夫三旌之位，吾知其貴於屠羊之肆也；萬鍾之祿，吾知其富於屠羊之利也；然豈可以貪爵祿而使吾君有妄施之名乎！說不敢當，願復反吾屠羊之肆。」遂不受也。

——《莊子・讓王》

屠羊是一個職業，就是殺羊的人，這個人的名字叫說。楚昭王亡國了，屠羊說跟着昭王走了。後來昭王又收復了國家，他要賞賜跟隨他的人。輪到屠羊說時，他說：「大王，你的國家丟了，我屠羊的職業也沒了。大王回來了，我也可以殺羊了。我的爵祿已經恢復了，何必再賞我呢？」楚王也挺倔，就一定要賞他。屠羊說又說：「你亡國了不是我的罪，所以我不接受被殺的懲罰；但大王你回來了也不是我的功勞，所以我不敢領這個賞。」楚王覺得這人有點意思，要召見他。屠羊說說：「楚國的法律

是得到重賞或立了大功的人才能覲見大王，我沒有幹什麼大事兒，實際上我為了避難才跟着你跑，你這麼做就是廢法毀約，這不是我所願意傳聞於天下的事。」楚王就感慨屠羊說品行很高，想讓他來做三公。屠羊說第四次說：「三公這個位置比我殺羊的店舖強多了，俸祿肯定比我殺羊賺的錢多得多。但要是貪圖功名和俸祿，而讓楚王您有胡亂賞賜的名聲，我不敢當，因為這是不對的。」

屠羊說的四段話，每一段話都是一個更高層次的表達，楚王給得越多，屠羊說就越是推脱，生動地表現了屠羊說的真性情。莊子讚揚了屠羊說這種安分守己、自得其樂的精神，而且也反映了屠羊說的自知之明，這是自足之美裏面的第二個故事。

這一類的典故還有很多，比如「鷦鷯巢於深林，不過一枝；偃鼠飲河，不過滿腹」（《莊子·逍遙遊》），意思是像麻雀那麼大的小鳥在森林裏生活，也不過是需要一根樹枝，田鼠在河邊飲水，也只不過把肚子喝飽而已，河裏的水它也喝不完。總之，這些典故都是在反映自給自足、感悟生命之美的精神和心態。

（三）自由之美

第三個表現形式就是自由之美，最高的美就是個體的、無限的、精神的自由。以下分為三點來講。

1. 從喬布斯的家說起

喬布斯的家簡潔得可以說是「家徒四壁」。喬布斯說，每一個重大的技術革新，都是他在四壁空空的家裏「空」想出來的；每當遇到重大轉折時，他也會待在這樣的屋子裏「空」想。正是這種拋棄雜物、摒棄雜念的「空」想，推動了一次又一次的偉大變革，造就了至今仍長盛不衰的蘋果公司。

◇　喬布斯的家

　　只有「無」才可能有，正是這種「無」才造就了喬布斯精神和思想的富足。這和莊子追求的精神自由是一致的。莊子說：

　　　　瞻彼闋者，虛室生白，吉祥止止。

　　　　　　　　　　　　　　　　　　　　　　　　——《莊子‧人間世》

　　莊子的這句話關鍵在「虛室生白，吉祥止止」。「虛室生白」現在已經成為一個成語，就是講空空的房子裏生出明亮的光輝，吉祥從此而生。這句話來自莊子講的「心齋」，就是心的齋戒，他是假託孔子和顏回的對話講的。

　　2. 心齋與坐忘

　　　　顏回曰：「吾無以進矣，敢問其方。」

　　　　仲尼曰：「齋，吾將語若！有心而為之，其易邪？易之者，皞天

不宜。」

　　顏回曰:「回之家貧,唯不飲酒不茹葷者數月矣。如此,則可以
為齋乎?」

　　曰:「是祭祀之齋,非心齋也。」

　　回曰:「敢問心齋。」

　　仲尼曰:「若一志,無聽之以耳而聽之以心,無聽之以心而聽之
以氣!耳止於聽,心止於符。氣也者,虛而待物者也。唯道集虛。
虛者,心齋也。」

——《莊子·人間世》

　　顏回要去衛國,想用儒家的道理勸說衛國國君,讓他關心百姓,用
禮來統治國家。孔子提醒他不要去,認為他不但成不了事,而且還會有
性命之憂。顏回說,他有三種辦法:第一種辦法,採用內直的辦法,向自
然看齊;第二種辦法是外曲,向人們看齊,實際上是指向社會賢士看齊;
第三種辦法是成而上比,就是處處引用古人之言,向古人看齊。但是孔
子依然認為不行,說要心齋,要齋戒。顏回說,他現在不過是一簞食、一
瓢飲,已經很簡單了,還怎麼齋戒?

　　孔子說,不是物質上的齋戒,而是要在心理上齋戒,心志要專一,
不要用耳朵去聽,要用心去聽,進而用氣去聽。耳朵只能聽見聲音,心
只能了解到現象,只有在空虛的狀態中,道才會展現出來。這顯然不是
孔子的話,這是莊子假託孔子說的。人只有把雜念都清除掉,才可能真
正地悟道,才能進入心齋的狀態。

　　顏回說:「頓然忘我,這樣就達到空明的心境了吧?」孔子說:「對,
忘我了,私心雜念都排除了,才能達到一種空明的心境。就像虛室生
白,空明的心境能生出光明,讓人擁有更好的前途。」兩千多年前莊子的
思想和喬布斯有異曲同工之妙,排除私心雜念,擁有空寂清靈的心境,
能使人獲得更大的自由、無限的美。

◎ 復聖顏子像拓片

顏回曰:「回益矣。」

仲尼曰:「何謂也?」

曰:「回忘禮樂矣。」

曰:「可矣,猶未也。」

他日,復見,曰:「回益矣。」

曰:「何謂也?」

曰:「回忘仁義矣。」

曰:「可矣,猶未也。」

他日,復見,曰:「回益矣。」

曰:「何謂也?」

曰:「回坐忘矣。」

仲尼蹴然曰:「何謂坐忘?」

顏回曰:「墮肢體,黜聰明,離形去知,同於大通,此謂坐忘。」

仲尼曰:「同則無好也,化則無常也。而果其賢乎!丘也請從而後也。」

——《莊子·大宗師》

除了「心齋」之外,顏回和孔子還有這段關於「坐忘」的對話。顏回說,他現在提高了。孔子問哪兒提高了。顏回說,他忘掉了禮樂。孔子說那還不夠。後來又見面,顏回說,他又提高了,這一回他忘記了仁義。孔子說還不行。後來又見面,顏回說他又提高了,這回是坐忘。這就是莊子著名的「坐忘」的概念,和「心齋」有一定的類似之處。「墮肢體,黜聰明,離形去知,同於大通,此謂坐忘。」這句話就是說,我忘掉了我的身體,不再去用小聰明對待社會,形體和智慧都沒了,和大自然融為一體,此謂坐忘。坐忘就是忘我,忘我之後才成為真正的賢人。「坐忘」和「心齋」的相同之處,是以排除私心雜念來獲得更大的自由和解放。

同樣的思想也反映在老子的論述中:

五色令人目盲,五音令人耳聾,五味令人口爽,馳騁畋獵令人

心發狂，難得之貨令人行妨。是以聖人為腹不為目，故去彼取此。

　　　　　　　　　　　　　　　　　　　　——《老子·道德經》

　　老子認為身外之物、種種慾望都要去除，不再追求感官享受、榮華富貴。他講「金玉滿堂，莫之能守」，即富貴即使得到也未必能守得住，真正的美只能是對人的生命自由的肯定。

　　3. 天人合一

　　天地與我並生，而萬物與我為一。

　　　　　　　　　　　　　　　　　　　　——《莊子·齊物論》

　　獨與天地精神往來而不敖倪於萬物……

　　　　　　　　　　　　　　　　　　　　——《莊子·天下》

　　如何實現人的自由？這是莊子的追問，也是人類的追問。莊子的答案是「天地與我並生，而萬物與我為一」「獨與天地精神往來而不敖倪於萬物」。這兩句話對於自由的美概括得非常好，明確強調了無限的觀念。從上一講的對鯤鵬的想像，到這一講的對大樹的想像，一直到人的心齋和忘我的追求，最後概括起來都是「天地與我並生，而萬物與我為一」，人類應效法支配宇宙萬物無所不在的道，使自己成為永恆無限的自由的存在。這種自由才是一種美，而且獨與天地精神往來，達到「天人合一」的境界，是美之為美的本質所在。

　　莊子講「聖人之生也天行」（《莊子·刻意》），強調人自身的存在和發展就是人類生存的最高目的。如果犧牲這一目的，去追求其他外在的功名利祿、富貴權勢等都是愚蠢的錯誤，仁義道德也是如此。

三、美與醜

(一) 美與醜的相對性

　　老莊在美的方面還有一個重要的貢獻，就是提出了美和醜的相對

性。老子最早用辯證的方法來觀察美和醜的問題，莊子第一個明確提出了醜的問題。他們都認為美和醜是具有相對性的，實際上這是關於美的一個基本問題。

> 天下皆知美之為美，斯惡已；皆知善之為善，斯不善已。
>
> ——《老子・道德經》

惡是和美相對的，就是醜的意思。知道什麼是美才能知道什麼是醜，知道什麼是善才能知道什麼是不善。

> 唯之與阿，相去幾何？美之與惡，相去若何？
>
> ——《老子・道德經》

「唯」是對上的答應，唯唯諾諾，「阿」是對下的招呼。唯聲與阿聲，相差多少？「美之與惡，相去若何」也是這個意思，美好與醜惡，又相差多少？美和醜是可以相互轉化的，是相對的兩種概念。

> 厲與西施，恢恑憰怪，道通為一。
>
> ——《莊子・齊物論》

「厲」是指很醜的人。醜陋與美麗是相對的，但從「道」的觀點看是相通而渾一的，在概念的相對性上是一個意思。

> 《咸池》《九韶》之樂，張之洞庭之野，鳥聞之而飛，獸聞之而走，魚聞之而下入，人卒聞之，相與還而觀之。魚處水而生……其好惡故異也。
>
> ——《莊子・至樂》

不同的生命對不同的事物、不同的對象有不同的理解，美在不同的人那裏也有不同的理解。我們認為很美好的，別人可能認為是醜惡的。這裏講的是相對性，人與對象之間的互動產生美感。當然，這些可能都是後人的理解，莊子當時不一定這麼明確，但也説明他的確認識到了美和醜的相對關係。

（二）醜怪之美

> 魯哀公問於仲尼曰：「衛有惡人焉，曰哀駘它。丈夫與之處者，
> 思而不能去也。婦人見之，請於父母曰『與為人妻，寧為夫子妾』
> 者，十數而未止也。未嘗有聞其唱者也，常和人而矣。無君人之位
> 以濟乎人之死，無聚祿以望人之腹。又以惡駭天下，和而不唱，知
> 不出乎四域，且而雌雄合乎前。是必有異乎人者也。寡人召而觀
> 之，果以惡駭天下。與寡人處，不至以月數，而寡人有意乎其為人
> 也；不至乎期年，而寡人信之。國無宰，寡人傳國焉。悶然而後應，
> 氾然而若辭。寡人醜乎，卒授之國。無幾何也，去寡人而行，寡人
> 恤焉若有亡也，若無與樂是國也。是何人者也？」
>
> ——《莊子·德充符》

關於莊子的醜怪之美，有一個很重要的故事，這次他又把孔子搬了
出來。哀駘它是個很醜的人，但很奇怪的是，男的跟他相處後就不想離
開他，女的跟他相處後回去跟父母說，與其做別人的妻子不如做哀駘它
的妾，而且有十多個人都這麼說。他為什麼那麼吸引人呢？他長得醜，
「以惡駭天下」，天下人都覺得他的長相可怕，但為何他又那麼討人喜歡
呢？魯哀公跟他待了幾天，就想讓他當宰相。孔子接着講了一個故事，
一群小豬在剛死的母親身上吃奶了，不一會兒都驚慌地逃走了。因為母
豬已經失去知覺，不像活着的樣子了。可見它們愛自己的母親，不是愛
它的形體，而是愛主宰這個形體的精神。

長得醜的人依然有很多人喜歡，說明他有過人之處，這不在於他的
形，而在於使其成為形的內在的東西。他的形體雖長得醜，但美在精神。

> 闉跂支離無脤說衛靈公，靈公說之；而視全人，其脰肩肩。甕
> 㼜大瘦說齊桓公，桓公說之；而視全人，其脰肩肩。
>
> 故德有所長，而形有所忘。人不忘其所忘，而忘其所不忘，此
> 謂誠忘。
>
> 故聖人有所遊，而知為孽，約為膠，德為接，工為商。聖人

不謀，惡用知？不斲，惡用膠？無喪，惡用德？不貨，惡用商？四
者，天鬻也；天鬻者，天食也。既受食於天，又惡用人！

　　有人之形，無人之情。有人之形，故群於人；無人之情，故是
非不得於身。眇乎小哉，所以屬於人也；謷乎大哉，獨成其天！

——《莊子·德充符》

　　還有一個故事，也是關於醜人的。「闉跂支離無脤」是個虛構的人，
跛腳、駝背、無脣。這麼個醜人，但衛靈公很喜歡他，甚至因此覺得正常
人的形體都有所欠缺，就是因為「德有所長而形有所忘」，是其內在精神
的美吸引了衛靈公。所以莊子兩千多年前就提出了這種精神的美對人的
影響、對世界的影響。

用捨行藏：行走於儒道之間

　　最後總結一下，儒家的美和道家的美。兩者怎麼溝通呢？它們有明
顯的不同，但也有諸多相似之處。

　　《論語》中有一句話：「用之則行，捨之則藏。」（《論語·述而》）這
句話的大意就是，用我的時候我就出世，不用我的時候我就隱居。實際
上就是，入世的時候，我按照禮義行事，如果沒人用我了，我就出世，用
無為的方式來對待世界。後來這句話成了成語，叫作「用捨行藏」，它很
好地概括了儒道的融合。我用這句話來概括兩者之間的差別和協調。比
如說，莊子提倡無為，任何時候都是出世的。孔子主張入世，用仁和禮
來對待人和社會的一切事務。但人生無常，有用也有捨，「用捨行藏」幾
千年來被中國知識分子作為自己的行為準則。

　　儒與道有很多共性，第一表現在對待仁與義的態度上。老莊也不排

斥仁義。莊子講「愛人利物之謂仁」（《莊子·天地》），和孔子的「仁者愛人」基本上是一個意思。莊子還講「澤及萬世而不為仁」（《莊子·大宗師》），是說我無意為仁，但我做的事情比仁義更高，澤及萬世，比有意為仁更高。關於禮，孔子主張一切行為都用禮來表現。莊子有這麼一句話，「夫天地至神，而有尊卑先後之序，而況人道乎」（《莊子·天道》），很清楚地表達了君臣、父子、夫婦之道不可改變。老莊的思想能被歷代統治者所推崇，一個重要原因就是其對仁與禮也不是排斥的。

第二表現在情感感受上，儒道都非常注重情感和美的關係，而不是像西方的思想家一樣着重強調對認識的模擬。比如第一講的理念說指出，藝術作品就是對認識的模擬。中國人，特別是儒家和道家，主要還要講情感感受的，不管是老莊還是孔孟，都把情感觀念消融在以血緣為基礎的世間關係和現實生活中，而非在人世之外再尋找一個神祕世界。西方後來的一些美學、哲學都走向了神祕的宗教世界，中國是沒有的，還是以血緣關係為基礎來處理社會關係。

第三表現在儒家和道家都特別強調人格的美、人格的完善。前文講過的「文質彬彬，然後君子」（《論語·雍也》）就是講禮和仁的統一，這是君子的標準。這一講涉及的就更多了，莊子講的人格的美，最終就體現為自由的美。「虛室生白」「心齋」「坐忘」等，都是講人格的自由。對人格、個性的張揚，莊子更是走在了前面，走得更遠一點，而孔子也不排除對人格美的表彰。在對於人格、個性的形成上，儒道的基本認識是一致的。

而且對於個體的人，儒道也都是非常關注的，希望人能生活得愉快一點、幸福一點、美一點，字裏行間都有對人的原始的、人道主義的關心。比如莊子曾經講過，「道與之貌，天與之形，無以好惡內傷其身」（《莊子·德充符》），是說不要因為好的、醜的、壞的傷害了自己的身體。莊子是一個著名的養生學者，我覺得至少在以上三個方面體現了儒

道思想的統一性。

　　但是他們也有不同的方面，首先，一個是入世，一個是出世，一個是樂觀進取，一個是消極避世。比如儒家，就比較強調禮儀的美要為社會、政治服務，體現了實用的功利性。道家則認為人與外界對象是超功利的關係，這種關係是無為的、非功利的。這是兩者截然不同的地方。

　　其次，儒家更注重強調人的作用，強調人對物、社會、自然的改造，包括器物的製作。而道家更強調自然和獨立，就是不要人為干涉，別用鈎子來把直的變成曲的，不要用規來做圓，不要用矩來做方，更加強調順其自然。

　　最後，在人的創造力上，儒家的仁和禮對人的約束、束縛更明顯。我自己深有體會，我老家是孔孟之鄉，回家過年的禮數就特別多，用現代的標準看，真的是一種比較大的束縛。為什麼地處山東西南部的孔孟故里改革開放以後發展不如膠東半島快？限制人自由的禮義是一個重要的因素。兩地雖同屬山東，但孔孟故鄉那一塊規矩太多，是一種制約因素。道家提倡自由，自由是最大的美、無限的美。道家思想對創造力的發揮是有獨特意義的，特別是在藝術創作上的影響更為深遠。

　　這三個方面是比較重要的，特別是在對於美的認識、對於美的創造能力上，我覺得道家更受藝術界推崇。但是不管怎麼說，我覺得儒和道的區別也好、相同點也好，它們最終都是互補的。

　　莊子講過「身在江海之上，心居乎魏闕之下」（《莊子‧讓王》），意思是我身在江海之上，還想着朝廷的事情。「魏闕」指的是宮殿的大門。這句話和范仲淹的「居廟堂之高則憂其民，處江湖之遠則憂其君」（〔北宋〕范仲淹《岳陽樓記》）是一脈相承的。中國傳統的知識分子，直到現在也是「窮則獨善其身，達則兼善天下」（《孟子‧盡心上》）。所以儒家和道家之所以能夠形成合力，在中國發展的道路上走了兩千多年，這與它們之間的互補和對社會發展的共同促進是分不開的。

第五章

中國之美美在哪裏

中華美之魏晉風骨

　　魏晉這一講，我原來沒打算專門講，覺得它總體上和儒道之美沒有太本質的區別。但後來在備課的過程中，我發現魏晉有很多特殊的東西，還是要講一講的。但魏晉的內容非常多，怎麼講呢？我主要從三個角度來講魏晉之美。第一個角度就是「酒色」。在梳理的過程中，我發現「酒色」是貫穿了整個魏晉時代的重要活動。第二個角度，我想講一講「生死」。生死也是一個很重要的線索，魏晉時期天下大亂，生生死死。最後一個角度就是「書畫」。魏晉時代本身的內容很多，能數得上的人物就有幾十人，像「建安七子」「竹林七賢」等，而且著述也多。所以按這三條線索來講，只是介紹一些有特色的東西，並不系統。

　　先介紹一下魏晉的社會情況。魏晉南北朝時期是從 220 年魏建國，一直到 589 年隋滅陳，歷時三百六十多年，這是一個大的時間範圍。其實我們涉及的還不止這個範圍，還有三國時期的一些內容。這三百多年是中國非常特殊的一個時期。為什麼特殊呢？先給大家講個故事，讓大家體會一下當時的社會狀況。

　　這個故事叫作「驢鳴送葬」。故事發生在建安二十二年，就是 217 年，這裏邊也涉及「建安七子」。那一年中國發生了特別大的瘟疫，據記載，「建安七子」中有五人都是這一年因為得了瘟疫死的，很可怕。記載還是非常清晰的，下面是曹植寫的《說疫氣》裏面的一段：

> 建安二十二年，癘氣流行，家家有殭屍之痛，室室有號泣之哀。或闔門而殪，或覆族而喪。
>
> ——〔北宋〕李昉、李穆、徐鉉等《太平御覽》

　　有的人家全家都死了，有的整個家族都死了。「建安七子」在這場大瘟疫中死了五人，分別是王粲、徐幹、陳琳、應瑒、劉楨，孔融、阮瑀在

這之前已經死了，所以「建安七子」到這一年全沒了了。

「驢鳴送葬」的故事講的是什麼呢？《世說新語》裏面有一段記載：

> 王仲宣好驢鳴。既葬，文帝臨其喪，顧語同遊曰：「王好驢鳴，可各作一聲以送之。」赴客皆一作驢鳴。

> ——〔南朝宋〕劉義慶《世說新語·傷逝》

王粲生前喜歡聽驢叫，到安葬時，魏文帝曹丕去參加他的葬禮，對大家説：「大家各自學一聲驢叫，送送他吧。」於是來弔喪的客人都學了一聲驢叫。三國魏晉之前，中國社會還是一個大一統的社會，儒家文化佔據着統治地位，送葬是很重禮法的，非常嚴肅，這個時候學驢叫，讓人感受到和儒家禮法的不協調，甚至是一種對抗。何況當時讓大家學驢叫的是曹丕，他這樣尊貴的身份，竟然在葬禮上衝破禮法來學驢叫，從側面説明當時在思想自由、個性解放上已與漢朝時大不一樣了。

「殺奪與濫賞」是魏晉時期上層社會的寫照。魏晉時期，特別是魏結束以後，西晉司馬氏集團是一個新興的統治集團，以著名的司馬懿、司馬師、司馬昭等為首。當時的社會是什麼樣的呢？用《中國通史》的主編范文瀾先生的話來講，就是殺奪與濫賞。《中國通史》有一頁是講「八王之亂」，即晉武帝時期的殺奪狀況，在僅有一頁紙的短短文字裏，就用了13個「殺」字或「死」字。

> 二九一年，賈皇后殺楊駿，奪得政權。賈皇后使汝南王司馬亮輔政，使楚王司馬瑋殺司馬亮。賈皇后又殺司馬瑋。[1]

這一句話裏面就有三個「殺」字，還有一段也多次提到「殺」。

> 早在二六三年，司馬昭命鍾會、鄧艾、衛瓘率兵滅漢。鄧艾自以為功大，驕矜不受節制。鍾會擁重兵，謀割據蜀地。鍾會、衛瓘

1　范文瀾，蔡美彪．中國通史．第二冊［M］．北京：人民出版社，1994:376.

誣告鄧艾謀反，司馬昭命鍾會逮捕鄧艾。鍾會使衞瓘捕鄧艾，想讓鄧艾殺衞瓘，自己再殺鄧艾。[1]

當時就是打打殺殺、血腥爭奪的時期，不過那個時期在殺的同時也沒忘了賞。用范文瀾的話來講，叫「濫賞」。在大量屠殺擁護曹操的士族的同時，司馬氏還用厚利吸引了一幫人，以形成司馬氏集團。厚利就是分封，《中國通史》裏講道：「二六四年，司馬昭自封為晉王。同時恢復西周五等爵號，大封徒黨六百餘人。」[2] 一次就大封六百餘人，像這樣的濫賞和猛烈的殺奪相互交替，一直到西晉統治的滅亡。

「王與馬共天下」是統治階層的組織形式。那這種狀態下，統治怎麼進行呢？司馬氏集團的新晉皇帝都要拉攏當時的一個重要階層 —— 士族，由士族豪門和皇帝共治天下。比較有代表性的一個成語，叫「王與馬共天下」，王就是王羲之的祖先 —— 山東琅琊（也就是現在山東臨沂一帶）的王姓士族。「八王之亂」之後，就是「五胡亂華」，西晉滅亡，當時北方已經被少數民族佔領了，大的士族包括王姓士族就遷移到了浙江一帶。所以東晉時期，王姓士族就和司馬氏集團共治天下。《晉書·王敦傳》中這樣記載：

> 帝初鎮江東，威名未著，敦與從弟導等同心翼戴，以隆中興，時人為之語曰：「王與馬，共天下。」

——《晉書·王敦傳》

當時，司馬睿從東渡到登基，到東晉成立，主要依賴了北方大族 —— 琅琊王氏家族中王敦、王導兄弟等人的大力支持。在此期間，王導主內，位高權重，聯合南北士族，運籌帷幄，縱橫捭闔；王敦主外，總掌兵權，專任征伐，後來又坐鎮荊州，控制建康。朝中官員據統計有四

1　范文瀾，蔡美彪. 中國通史. 第二冊 [M]. 北京：人民出版社，1994:368—369.
2　范文瀾，蔡美彪. 中國通史. 第二冊 [M]. 北京：人民出版社，1994:370.

分之三以上是王家或者與王家相關的人。當時的司馬睿對王導、王敦兄弟十分尊重，稱王導為仲父。歷元、明、成三朝，王導的地位一直十分崇高。成帝呈遞給王導的手諭總是用「惶恐言」「頓首言」「敬白」之類的語言，還曾經親自到王導的府邸，禮敬其妻。正月初一王導上朝的時候，成帝都要起立相迎。

士族階層在經濟、政治和文化上具有獨特地位。他們有錢有時間，不但是重要的政治力量，也是思想文化的引領者。士族為什麼那麼厲害呢？為什麼能夠成為重要的政治力量呢？東漢解體之後，在以宗族血緣關係為紐帶的經濟實體之上，形成了士族的莊園經濟。士族不僅有經濟實力，同時也有軍事武裝，是一個自給自足的小社會。這個時候新的中央政權，不管西晉還是東晉，都要依賴於各地擁有經濟和軍事實力的世家大族來支持。因為天下大亂之後，大士族的莊園經濟興盛了，大到足以和朝廷抗衡。

士族階層出現之後，思想文化這個時候也發生了一些重大變化，有這麼幾個方面。

一個就是封建帝國的瓦解，使儒家思想出現危機。禮崩樂壞，人將往何處去呢？當時的上層社會，也就是士族，產生了對人的存在和價值的痛苦思索。雖然總體上沒有脫離儒家思想的影響，但門閥士族的一個重要特點是單打獨鬥，更加重視個體的作用，這一點和以前大不一樣。因此士族就試圖藉助道家思想，建立一個無為而治的社會，對個體人格絕對自由的追求大大增強，在這種社會背景和思想基礎上就產生了魏晉玄學。

魏晉玄學其實也沒什麼太過玄妙的東西，當時把莊、老、易並稱「三玄」，是魏晉這些名士、清談家津津樂道的一些東西。玄學更加傾向於老莊，我個人覺得它不是一個獨立性特別強的思想體系，總體上是以

◎〔唐〕孫位：《竹林七賢圖》（殘卷），上海博物館藏

◎〔東晉〕王導：《省示帖》，宋拓《大觀帖》本，故宮博物院藏

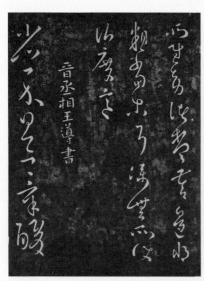

儒家為基礎的，但在道家的方向上走得更遠一點，更加強調個體的自由和解放。那個時候也很有意思，士族在參與政治時，非常重視個人的才能和智慧。這和儒家不同，儒家重視德，認為德是第一位的。我們現在也講以德為先，說明儒家思想根深蒂固。而魏晉時期對個體的「才」尤為重視，因為當時天下大亂、禮崩樂壞，有能力的人當然會得到重視，個性的自由當然會得到張揚。當時的上層社會盛行人物品藻，即評論、評價人物。當時的圈子也比較小，基本上能把比較有名的人都評論一番。這些人物品藻，除了統治者參與外，名士們也參與，也都爭相顯露自己的特殊才情、品貌風度。因為名士經濟獨立，不依賴政治，可以在一定程度上超然於政治之上，所以更能彰顯他們對人生意義的探究，打破儒家的禮法束縛，探求一種理想的人格形象，強調人格的自由和獨立。士族階層大力推崇品評人的才情、品貌、風度、言談、智慧、實踐、個性等，甚至把任性、放蕩、不拘禮法作為品評人物的優點。馮友蘭在講到魏晉風流的時候，稱這些士族名士要有四個特點：一曰玄心，玄心就是玄學的玄，要有這種思想基礎；二曰洞見，要有洞察力，這也是能力的一種；三曰妙賞，要有欣賞能力；四曰深情，最後還是落腳到深情上。

下面按我剛才講的三條線索給大家簡要介紹一下魏晉之美的一些具體體現。

一、酒色

在這裏，我還要強調一下士族階層，因為上文講的「王與馬共天下」和朝廷是有密切聯繫的，他們不僅經濟上自給自足，還有一些名士有官銜。以「竹林七賢」為例，當時介紹他們時，前面都加官銜。

> 魏步兵校尉陳留阮籍，字嗣宗。
> 中散大夫譙嵇康，字叔夜。
> 晉司徒河內山濤，字巨源。
> 建威參軍沛劉伶，字伯倫。
> 始平太守陳留阮咸，字仲容。
> 散騎常侍河內向秀，字子期。
> 司徒琅邪王戎，字浚沖。
> 　　　　　　──〔晉〕陶淵明《陶淵明集》

　　第一個介紹阮籍，他是魏國的步兵校尉，陳留人，字嗣宗。第二個介紹嵇康，中散大夫是官職，後面是他的家鄉。每個人都有官職，就連整天喝酒的劉伶都有官職。劉伶是現在的江蘇沛縣人，字伯倫，官職是建威參軍。

　　這些人都不是一般人，而平常百姓則是沒有錢、沒有一定的社會地位和影響力天天清談。所以從古至今，大的書畫家都是有官職的，包括王羲之也是王右軍，沒有官職想當大家不太容易。給大家強調一下，本講中講到的這些人物都不是平民百姓，都是士族裏面的名士，是有一定經濟地位、社會地位和政治地位的人。

（一）以酒為命與酒以成禮

　　先講酒，剛才講到劉伶，他當時任建威參軍，是「竹林七賢」之一。河北有一種酒叫「劉伶醉」，就是以劉伶的名字命名的。劉伶是一個長得很醜的人，身長六尺，換算下來就是身高一米五。「貌甚醜悴，而悠悠忽忽，土木形骸。」（〔南朝宋〕劉義慶《世說新語·容止》）而且劉伶不僅長得非常醜陋，還悠閒懶散、不修邊幅。

> 劉伶恆縱酒放達。或脫衣裸形在屋中，人見譏之，伶曰：「我以天地為棟宇，屋室為褌衣。諸君何為入我褌中？」
> 　　　　　　──〔南朝宋〕劉義慶《世說新語·任誕》

　　劉伶特別縱酒放達，經常脫了衣服，裸着身子在屋裏。有人就譏笑他，他反問：「我把天地當作我的房間，現在住的這個屋子就是我的褲子和衣服，你為什麼到我的褲子裏來呢？」

　　劉伶喝酒也是非常放縱的。他有一篇文章叫《酒德頌》，是這麼寫的：

　　　　有大人先生者，以天地為一朝，萬期為須臾，日月為扃牖，八荒為庭衢。行無轍跡，居無室廬，幕天席地，縱意所如。止則操卮執觚，動則挈榼提壺，唯酒是務，焉知其餘？

　　　　　　　　　　　　　　　　　——〔晉〕劉伶《酒德頌》

　　這一段話的意思就是他把天地作為一處住所，把萬年當成片刻，把太陽當作門，把月亮當作窗，把天地八方作為庭院中的通道。大人先生出外行走沒有一定的蹤跡，居住也沒有像樣的房屋（「幕天席地」這個成語就是從這兒來的），走到哪裏都隨身帶着飲酒的器具，酒杯、酒壺一應俱全，只把喝酒當成正事，不知道除了喝酒之外還有什麼可以追求的。這是劉伶對喝酒的認識，而且他這種宏大的宇宙觀，把天地當成自己的居所，幕天席地，把自己的房屋當成自己的衣褲，和莊子的思想是密切相關的。

　　「劉伶病酒」的故事更能幫我們認識這個「酒鬼」。

　　　　劉伶病酒，渴甚，從婦求酒。婦捐酒毀器，涕泣諫曰：「君飲太過，非攝生之道，必宜斷之！」伶曰：「甚善。我不能自禁，唯當祝鬼神，自誓斷之耳。便可具酒肉。」婦曰：「敬聞命。」供酒肉於神前，請伶祝誓。伶跪而祝曰：「天生劉伶，以酒為名，一飲一斛，五斗解酲。婦人之言，慎不可聽！」便引酒進肉，隗然已醉矣。

　　　　　　　　　　　　　——〔南朝宋〕劉義慶《世說新語·任誕》

　　故事是說，有一次，劉伶喝醉了，説口渴，讓妻子給他水喝，實際上不是要喝水，而是要喝酒。妻子把酒杯摔了、酒倒了，勸他戒酒。劉伶説

自己戒不了，只有當着鬼神發誓才行。妻子把酒和肉供在神像前。劉伶跪在地上，一通忽悠，説喝酒是用來解酒的，然後趁機把酒喝了。這個就是劉伶嗜酒如命的故事。以酒為命和漢代以來所尊崇的那一套禮儀是完全相悖的，他這麼做，就是用行動推翻了這種價值標準，表現對人生自然、自由狀態的一種追求。

除此以外，喝酒的故事還很多，著名的有「人豬共飲」的故事。阮咸是阮籍的姪子，也是「竹林七賢」之一。他和家裏人一塊兒喝酒的時候，抱着大甕喝。這個時候一群豬來飲酒，大家就和豬一塊喝。這種喝酒到了寵辱皆忘、物我合一的地步，是對禮教所規定的社會身份的顛覆。

從原始社會一直到秦漢時期，酒是一種禮的表現，叫酒以成禮。禮字右邊上面是曲、下面是豆。豆是一種器具，器具裏裝了什麼呢？就是酒麴。所以很早以前，酒是一種用於禮儀的東西，而不是讓人狂飲爛醉用的。中國酒文化源遠流長，孔子的「唯酒無量，不及亂」，就是説酒可以喝，只要不到亂的地步，還在禮儀的約束之內。但到了魏晉時代，則是以酒為命，不是一般的「不及亂」了，已經完全離開了禮法的約束。

◎〔南朝〕西善橋南朝墓畫像磚《竹林七賢與榮啟期》（局部選一），南京博物院藏

　　中國人喝酒不同於西方的酒神精神，不是情慾的狂歡和本能的衝動，而是從逃避中尋求理解，從頹廢中尋求醒悟，已然有更多的理性在裏面。

（二）男色時代

　　下面講講色，也主要是講幾個故事，大家從中體會一下魏晉對美的認識和看法。

　　魏晉是彰顯男性美的一個時代，我把它叫作「男色時代」。《世說新語》裏面專門有一章叫《容止》，就是容貌和舉止，美女也有講，但講的多是帥哥。今天我重點講講裏面的帥哥。

　　嵇康，就是「竹林七賢」的「三巨頭」（嵇康、阮籍、山濤）之一。嵇康，字叔夜，身長七尺八寸，換算下來就是一米八左右，那時候是以高為美。《世說新語·容止》中這樣描述他的樣子：

> 　　嵇叔夜之為人也，巖巖若孤松之獨立；其醉也，傀俄若玉山之
> 將崩。
>
> 　　　　　　　　　——〔南朝宋〕劉義慶《世說新語·容止》

「孤松」描述的是一個人偉岸的身軀，這個詞現在還在用來描寫男性。他醉的時候像玉山要崩塌一樣，玉山說明他長得比較白。「孤松玉山」就來源於這裏。

　　下面還有更奇怪的故事，就是「看殺衛玠」。

　　衛玠是個美男子，「衛玠字叔寶，年五歲風神秀異」，很小的時候就長得俊秀超拔，異於常人。

> 　　祖父瓘曰：「此兒有異於眾，顧吾年老，不見其成長耳！」總角
> 乘羊車入市，見者皆以為玉人，觀之者傾都。驃騎將軍王濟，玠之舅
> 也，俊爽有風姿，每見玠，輒歎曰：「珠玉在側，覺我形穢。」又嘗
> 語人曰：「與玠同遊，同若明珠之在側，朗然照人。」及長，好言玄理。
>
> 　　　　　　　　　——《晉書·衛玠傳》

衞玠的祖父衞瓘是幽州刺史，後來官至太傅，也是西晉很大的官。衞瓘説，自己現在年齡大了，見不到衞玠以後怎麼樣了，但是他肯定是出眾的人。他年少時乘羊車（一種精美的車子）入市，圍觀的人特別多。他的舅舅驃騎將軍王濟本來長得不錯，但每次見到衞玠都感歎「珠玉在側」，自慚形穢。「明珠之在側，朗然照人」，這是對一個男孩美的描述。長大後，衞玠好玄學清談，但體弱多病。他是怎麼死的呢？就有了「看殺衞玠」的故事。

> 衞玠從豫章至下都，人久聞其名，觀者如堵牆。玠先有羸疾，體不堪勞，遂成病而死。時人謂「看殺衞玠」。
> ——〔南朝宋〕劉義慶《世說新語·容止》

「衞玠從豫章至下都」，豫章就是現在的南昌，下都是南京。當時西晉「八王之亂」，南渡到江南，從豫章到下都，士族大戶都去了。到了江南，人聞其名，都知道衞玠長得漂亮。圍觀的人太多，衞玠本來就身體羸弱，最後竟然不堪勞累得病死了。衞玠死時 27 歲，曾官至太子洗馬。唐代詩人孫元晏有一首詩專門講衞玠的，名字就叫《晉·衞玠》。

> 叔寶羊車海內稀，山家女婿好風姿。江東士女無端甚，看殺玉人渾不知。
> ——〔唐〕孫元晏《晉·衞玠》

這首詩講的還是這個故事，但其中提到看衞玠的大部分是女性。這說明當時女權意識已經和儒家思想大一統時代完全不同了，從側面反映了女性意識的崛起。

還有類似的故事，也是講女性看男性。民間一直說「潘安貌，子建才」。潘安，名潘嶽，字安仁，後世常説貌若潘安。子建是曹植，頗有才情。《世說新語·容止》記載：

> 潘岳妙有姿容，好神情。少時挾彈出洛陽道，婦人遇者，莫不連手共縈之。
> ——〔南朝宋〕劉義慶《世說新語·容止》

　　這裏專門講女子怎麼看潘安。他拿着彈弓走在洛陽的街道上，婦女們碰到他了是怎麼表現的呢？為了看他，婦女們牽着手、圍成圈來圍觀。衛玠被「看死」的時候，圍觀的人像一堵牆一樣把他團團圍住，現在是圍成了圈。「安仁至美，每行，老嫗以果擲之滿車。」（劉孝標註引《語林》）他每次出行的時候，都有老婦人拿着水果把他的車給扔滿。但是醜人呢？這還有個對比，「張孟陽至醜，每行，小兒以瓦石投之，亦滿車」（劉孝標註引《語林》）。這些故事說明什麼呢？對男性美的發現和欣賞已經被喚醒了，成了這個時代重大的精神事件。衡量一個時代婦女地位是否提高，一個重要標準就是女性敢不敢大膽表達自己的愛好。男性美被欣賞恰恰說明女性地位的提高，這也是當時的一個生活狀態。

　　還要講一下阮籍，他也是「竹林七賢」之一。阮籍有一篇文章叫《大人先生傳》，也介紹了一些對美好人格、美好理想的追求，不是介紹「色」，主要是講道，講在人生短暫、無常、痛苦的情況下，如何去尋求永恆無限，同時講人的精神面貌和理想人格的構建，這和色也是相輔相成、相互補充的。

二、生死

　　第二條線索就是生死。魏晉時期，天下大亂，你爭我奪，生與死從來沒有像這個時期表現得那麼緊迫重要而又自然隨性。魏晉時期的生死觀是如此獨特！我先講兩件事情，一個是孔融爭死，一個是嵇康之死。

（一）孔融爭死

　　孔融也是「建安七子」之一，他是孔子的嫡傳二十代孫。大家都知道《三字經》裏邊「融四歲，能讓梨」，講的就是他。東漢靈帝的時候，張儉被宦官陷害，不得已逃亡。老百姓敬佩他的為人，他逃到哪兒都有人收

留、保護。後來這些收留他的人家都被官府追究，有數十家之多。他在逃亡中曾經到過孔融家，這才發生了「孔融爭死」的故事。張儉不認識孔融，他是來找孔融的哥哥孔褒的。碰巧哥哥不在家，家裏只有 16 歲的孔融。張儉看孔融太小，沒告訴他真相就要走。孔融看到張儉神色憂懼，他說，哥哥雖然不在家，他就不能做主嗎？說完，他就把張儉留在家中，使張儉暫時躲過了一劫。官府後來查到，就把孔融兄弟都抓了。兩兄弟爭相承擔責任。哥哥說，本來張儉是來找他的，這事他來負責。孔融說，是他留下張儉的，應該抓的是他。郡縣的官員不能定罪，呈報了朝廷，後來皇帝下詔定了哥哥的罪，這就是「孔融爭死」的故事。後人講「吃梨可讓，赴死要爭」，在當時的高壓政治下，孔融能保持這種氣節和人格，着實不易。

（二）嵇康之死

第二個故事是「嵇康之死」，這個故事更著名了。嵇康也是士族的代表人物。他的父輩都是做官的，他娶了曹操的孫女長樂亭公主為妻，也算是皇親國戚。因為和曹魏的關係，他對司馬氏集團很抗拒，不參政、不當官，就在竹林裏面清談清議，所以才有後面的事件。

嵇康的死是被陷害的，這裏面還有一篇著名的文章。嵇康有一個好朋友叫呂安，有人甚至要把呂安納入「竹林七賢」中，使其變成八人，足以說明他們關係的密切。呂安的父親叫呂昭，是魏明帝時的鎮北將軍、冀州刺史，也是大官。呂安的哥哥叫呂巽，是個道貌岸然的人，誘奸了弟弟呂安的妻子，這本是家醜。嵇康認識呂安還是通過呂巽，他就成了中間調停的人，因此痛斥呂巽。呂巽懷恨在心，後來他在鍾會的支持下，反咬呂安一口。鍾會是大書法家鍾繇的兒子。曹魏時期，鍾繇就官至太傅，官職在司馬懿之上。鍾會後來投靠了司馬氏集團。呂巽在鍾會

的支持下，誣告呂安不孝。當時，司馬昭以孝治天下，不孝是死罪。呂安就被判了流放，在路上寫了一封信給嵇康，表達對現實的強烈不滿。鍾會便利用這封信落井下石，向司馬昭告嵇康「上不臣天子，下不事王侯」。因為嵇康曾經幫助毋丘儉淮南謀反，又是曹操的孫女婿，所以司馬昭就把嵇康抓起來打入了死牢。嵇康長期不理會司馬氏集團的徵召，包括鍾會曾經多次勸他入仕，他卻講了「七不堪、二不可」：

> 臥喜晚起，而當關呼之不置，一不堪也。抱琴行吟，弋釣草野，而吏卒守之，不得妄動，二不堪也。危坐一時，痹不得搖，性復多虱，把搔無已，而當裹以章服，揖拜上官，三不堪也。素不便書，又不喜作書，而人間多事，堆案盈機，不相酬答，則犯教傷義，欲自勉強，則不能久，四不堪也。不喜弔喪，而人道以此為重，己為未見恕者作怨，至欲見中傷者；雖瞿然自責，然性不可化，欲降心順俗，則詭故不情，亦終不能獲無咎無譽，如此，五不堪也。不喜俗人，而當與之共事，或賓客盈坐，鳴聲聒耳，囂塵臭處，千變百伎，在人目前，六不堪也。心不耐煩，而官事鞅掌，機務纏其心，世故繁其慮，七不堪也。

——〔晉〕嵇康《與山巨源絕交書》

這段話大致是說：我喜歡睡懶覺，不一定能起來上朝。我愛彈琴、釣魚，有小吏跟着不自由。做官要正襟危坐，注意儀表，拜見上官，我受不了。我不喜事務繁多，做官之後公務應酬，我不能忍受。我不喜歡各種規矩，因此常遭怨恨、陷害，我無法改變自己的性情，不適合當官。我不喜與俗人共事，且不耐煩官場伎倆，本性如此……總之「七不堪」，就是不想做官。

> 又每非湯、武而薄周、孔，在人間不止，此事會顯，世教所不容，此甚不可一也。剛腸疾惡，輕肆直言，遇事便發，此甚不可二也。

——〔晉〕嵇康《與山巨源絕交書》

　　一不可是説，我對商湯、周武王、周公、孔子這樣的聖人不以為然，言論都不合時宜；二不可是説，我性子直，不會繞彎，直言不諱。嵇康九條不能當官的原因，讓司馬昭心裏早有了看法，認為他恃才傲物，因此要殺了他。嵇康臨刑是什麼表現呢？《世説新語》裏有一段動人的描述：

　　　　嵇中散臨刑東市，神色不變，索琴彈之，奏《廣陵散》。曲終，曰：「袁孝尼嘗請學此散，吾靳固不與，《廣陵散》於今絕矣！」太學生三千人上書，請以為師，不許。文王亦尋悔焉。

　　　　　　　　　　　　——〔南朝宋〕劉義慶《世説新語·雅量》

　　《廣陵散》這首名曲就是此時在嵇康手上失傳的。曲子講的是刺客刺殺帝王的故事，非常激昂、悲壯。嵇康臨死時依然神色不變、氣定神閒地彈完曲子，説了一句此曲以後沒有人會了。袁孝尼曾經想學這個曲子，卻一直沒教他。太學生三千人上書請求刀下留人，司馬昭沒有允許，但不久也有點後悔了。

　　《廣陵散》的餘韻於時空深處流傳，藝術的生命比人的生命更長久，精神比肉體更長久，自由比暴政更長久，體現了獨立、自由、尊嚴的不朽。在生死之間，面對強權慷慨赴死，以死亡實現自由，比苟且偷生更有意義，更彰顯生命的價值和尊嚴。如果説「孔融爭死」只是表現他的個人品德，嵇康之死則提高了死亡的價值，被後人稱作中國的「蘇格拉底之死」。

（三）生死之間

　　劉伶對死也有這麼一句話：「常乘鹿車，攜一壺酒，使人荷鍤而隨之，云：『死便掘地以埋。』」（〔晉〕袁宏《名士傳》）劉伶常坐一輛車出行，出行的時候攜一壺酒，讓僕人拿着鐵鍬一樣的掘土工具跟着，説，他要是喝酒喝死了，就地把他埋了吧。當時的《古詩十九首》裏就有「生年不滿百」的感歎。

親之。故堯舜之君世，許由之
巖棲，子房之佐漢，接輿之行
歌，其揆一也。仰瞻數君，可謂
能遂其志者也。故君子百行，殊
途而同致，循性而動，各附所
安。故有處朝廷而不出，入山林而不
反之論。且延陵高子臧之風，長
卿慕相如之節，志氣所託，不可
奪也。吾每讀尚子平、臺孝威傳，
慨然慕之，想其為人。少加孤露，
母兄見驕，不涉經學，性復疏
懶，筋駑肉緩，頭面常一月
十五日不洗，不大悶癢，不能沐也。
每常小便而忍不起，令胞中略
轉乃起耳。又縱逸來
久，情意傲散，簡與禮相背，
懶與慢相成，而為儕類見寬，
不攻其過。又讀莊老，重增其放，
故使榮進之心日頹，任實之情轉篤。
此猶禽鹿，少見馴育，則服從教制，長而見羈，則狂顧頓纓，
赴蹈湯火，雖飾以金鑣，
饗以嘉肴，且長林而志在
豐草也。吾師之而未能及。至性過人，

機務，經其心則七不
堪也。又每非湯武而薄周孔，
在人間不止此事，會顯世教所
不容，此甚不可一也。剛腸疾惡，
輕肆直言，遇事便發，此甚不
可二也。以促中小心之性，統此九
患，不有外難，當有內病，寧可
久處人間邪？又聞道
士遺言，餌朮黃精，令人久壽，
意甚信之；遊山澤，觀魚鳥，心
甚樂之，一行作吏，此事便廢，
安能捨其所樂，而從其所懼
哉！夫人之相知，貴識其天性，
而濟之。禹不偪伯成子高，其
為輪。曲者不可以為
真相知也。足下見直木不可以
為蓋不欲以枉其天才，
令得其所也。故四民有業，各以
其志為樂，唯達者為能通之，此
足下度內耳。而不可
強以其所不堪也。今但願守陋巷，
以死也。自惟至熟，
以文冕也，己嗜臭腐，養鴛雛
以死鼠也。吾頃學養生之術，方
外榮華，去滋味，游心於寂寞，

◎〔元〕趙孟頫:《與山巨源絕交書》(局部)，
故宮博物院藏

嵇叔夜与山巨源绝交书

康白：足下昔称吾于颍川，吾尝谓之知言。然经怪此，意尚未熟悉于足下，何从便得之也？前年从河东还，显宗、阿都说足下议以吾自代，事虽不行，知足下故不知之。足下傍通，多可而少怪；吾直性狭中，多所不堪，偶与足下相知耳。间闻足下迁，惕然不喜，恐足下羞庖人之独割，引尸祝以自助，手荐鸾刀，漫之膻腥，故具为足下陈其可否。

吾昔读书，得并介之人，或谓无之，今乃信其真有耳。性有所不堪，真不可强。今空语同知有达人无不堪，而性各有所不同，难强。吾每读尚子平、台孝威传，慨然慕之，想其为人。加少孤露，母兄见骄，不涉经学。性复疏懒，筋驽肉缓，头面常一月十五日不洗，不大闷痒，不能沐也。每常小便而忍不起，令胞中略转乃起耳。又纵逸来久，情意傲散，简与礼相背，懒与慢相成，而为侪类见宽，不攻其过。又读庄、老，重增其放，故使荣进之心日颓，任实之情转笃。此犹禽鹿，少见驯育，则服从教制；长而见羁，则狂顾顿缨，赴蹈汤火；虽饰以金镳，飨以嘉肴，愈思长林而志在丰草也。

阮嗣宗口不论人过，吾每师之而未能及；至性过人，与物无伤，唯饮酒过差耳。至为礼法之士所绳，疾之如仇，幸赖大将军保持之耳。吾不如嗣宗之贤，而有慢弛之阙；又不识人情，暗于机宜；无万石之慎，而有好尽之累。久与事接，疵衅日兴，虽欲无患，其可得乎？又人伦有礼，朝廷有法，自惟至熟，有必不堪者七，甚不可者二：卧喜晚起，而当关呼之不置，一不堪也。抱琴行吟，弋钓草野，而吏卒守之，不得妄动，二不堪也。危坐一时，痹不得摇，性复多虱，把搔无已，而当裹以章服，揖拜上官，三不堪也。素不便书，又不喜作书，而人间多事，堆案盈机，不相酬答，则犯教伤义，欲自勉强，则不能久，四不堪也。不喜吊丧，而人道以此为重，已为未见恕者所怨，至欲见中伤者；虽瞿然自责，然性不可化，欲降心顺俗，则诡故不情，亦终不能获无咎无誉，如此五不堪也。不喜俗人，而当与之共事，或宾客盈坐，鸣声聒耳，嚣尘臭处，千变百伎，在人目前，六不堪也。心不耐烦，而官事鞅掌，机务缠其心，世故烦其虑，七不堪也。又每非汤、武而薄周、孔，在人间不止，此事会显，世教所不容，此甚不可一也。刚肠疾恶，轻肆直言，遇事便发，此甚不可二也。以促中小心之性，统此九患，不有外难，当有内病，宁可久处人间邪？

夫人之相知，贵识其天性，因而济之。禹不偪伯成子高，全其节也；仲尼不假盖于子夏，护其短也。足下见直木不可以为轮，曲木不可以为桷，盖不欲枉其天才，令得其所也。

吾新失母兄之欢，意常凄切。女年十三，男年八岁，未及成人，况复多病。顾此悢悢，如何可言！今但愿守陋巷，教养子孙，时与亲旧叙阔，陈说平生，浊酒一杯，弹琴一曲，志意毕矣。足下若嬲之不置，不过欲为官得人，以益时用耳。若趣欲共登王途，期于相致，时为欢益，一旦迫之，必发其狂疾。自非重怨，不至于此也。野人有快炙背而美芹子者，欲献之至尊，虽有区区之意，亦已疏矣。愿足下勿似之。其意如此，既以解足下，并以为别。

嵇康白。

延祐秦年二月十九日书于

我們可以想像一下死亡是什麼，要去除極為強大的自然生物的本能，要實現與醜惡世界的角力，對於血肉之軀的個體來説是多麼不易。像嵇康這樣的人，在反思和選擇中把人性的全部美好——對生命的眷戀、執着與歡心凝聚在情感之中，積澱於死亡之上。人也許只有在面臨死亡的時候，才能最大限度地發現生的意義。

王羲之在《蘭亭集序》裏也曾論及生死：

> 固知一死生為虛誕，齊彭殤為妄作。後之視今，亦猶今之視昔。悲夫！故列敍時人，錄其所述，雖世殊事異，所以興懷，其致一也。後之覽者，亦將有感於斯文。
>
> ——〔晉〕王羲之《蘭亭集序》

「一死生」和「齊彭殤」實際上都是莊子的言論。莊子講，生與死沒有區別，壽命長與短沒有差別。但是王羲之認為這都是虛誕和妄作，生有巨大的意義，只是在面對死亡時才會顯露出來，思索死亡才能放射出生的光芒。

在魏晉時期，還有另一種對待生死的態度，即順應環境，保全生命，寄情山水，安息精神。這樣的人向來輕視朝廷、灑脱不凡，但內心一樣執着痛苦。陶淵明就是其中的代表，歸耕田園，離世隱居，在自然中尋找歸宿。他的詩作「平疇交遠風，良苗亦懷新」「采菊東籬下，悠然見南山」等都表現了這樣的思想。

中國人看到了死亡的美，它映射和反襯了更好的生之美，在本質上還是尋求生的快樂的。這和日本人以自殺為美的傳統大不一樣。日本人的櫻花精神，追求花開刹那的極致之美，即使短暫，也要盛放，哪怕花落的那一刻寂滅無蹤。中國傳統中並不以死為行動的目的，而是以對死亡的深刻感受和情感反思人生，以此反覆錘煉心靈，使心靈擔負起生存的重量。因此，在魏晉時期社會動亂、苦難連綿的現實背景下，各

種哀歌，從死別到生離、從個人遭遇到社會景象，都達到了感懷蒼涼的高度，對死亡、對人事、對自然都可以興發起這種情感，這是一種特有的美。

三、書畫

下面講講大家都熟悉的書畫。書畫主要有兩個特點，一個是骨，一個是神。

（一）骨

先講骨，書法和繪畫的骨。骨的概念始於魏末至西晉間，作為一個美學概念，得到充分發展首先是在書法中，在如何通過書法的線完美體現人的生命力量上。在書法裏，骨就是線，線就是骨。線必須充滿着內在的生命力，是書法之美的根本。張懷瓘的《書斷》裏講：

> 韋誕云：「杜氏（即杜度）傑有骨力，而字畫微瘦。崔氏（即崔瑗）法之，書體甚濃，結字工巧，時有不及。張芝喜而學焉，轉精其巧，可謂草聖，超前絕後，獨步無雙。」

——〔唐〕張懷瓘《書斷》

魏末的韋誕評杜度的書法有骨力，這是較早專門用「骨力」來評價書法的記載。晉初楊泉的《草書賦》裏面也以骨梗強壯來形容書法之美。衞瓘專門有一段評述：「我得伯英之筋，恆得其骨，靖得其肉。」〔唐〕張懷瓘《書斷》）衞瓘是晉初的書法家，擅長隸書和章草，主要學張芝，稱有其筋，即有內在的韌性。恆是指他的兒子衞恆。恆得到了張芝的骨法，索靖只學到了張芝書法的肉。這裏也是在強調骨。

從魏晉時期到現在，書法中「骨」的觀念由來已久，這一思維在書法創作中也得到了廣泛認可。書法的線條利用毛筆尖、齊、圓、健的特點，

在墨的運用中體現出複雜多樣的變化。這是一種線的藝術，和西方的筆完全不同。西方的油畫刷子、鵝毛筆都是硬的。中國的毛筆是軟的，這種線的藝術既是抽象的又是形象的，既是外在的又是內在的，最終體現的是書者的精神和情感，這是書法理論的常識。

而且這種筋骨來源於書者的氣血，漢末趙壹的《非草書》中已意識到這點，「凡人各殊氣血、異筋骨，心有疏密，手有巧拙，書之好醜，在心與手」。人有不同的氣血，才有不同的筋骨。人體不同的反應，不同的氣血、筋骨，最後造就了不同的作品，是不可強作強為的。氣血通俗地講就是自身的修煉，書畫最後的精氣神源於此。

關於中國畫中的骨，這裏舉兩個例子。一個是曹植在著名的《洛神賦》裏講到的繪畫問題：

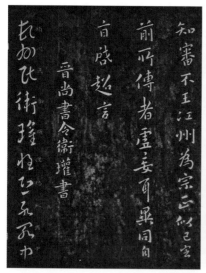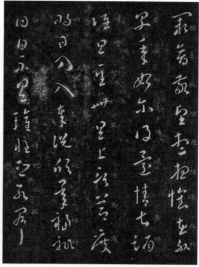

◎〔西晉〕衛瓘：《頓州帖》，宋拓《大觀帖》本，故宮博物院藏

　　襛纖得衷，修短合度；肩若削成，腰如約素；延頸秀項，皓質
呈露；芳澤無加，鉛華弗御；雲髻峨峨，修眉聯娟；丹脣外朗，皓
齒內鮮；明眸善睞，靨輔承權；瑰姿艷逸，儀靜體閑；柔情綽態，
媚於語言；奇服曠世，骨像應圖。

——〔三國魏〕曹植《洛神賦》

　　這是特別美的辭賦文字，最後落腳在哪兒呢？落腳在「骨像應圖」。
他第一次把東漢王充講的「骨像」同繪畫聯繫起來，也是後來骨法用筆
的發端。「骨像應圖」是說，繪畫要有骨像的表現。這和後來顧愷之提出
的「以形寫神」、謝赫的「骨法用筆」都有明確而直接的聯繫。

　　第二個例子是顧愷之講山水畫。顧愷之評論魏晉繪畫時多次提到了
骨法，「重疊彌綸，有骨法，然人形不如《小列女》也」。他講到繪畫的骨
法應用有幾個典型特點，一個特點就是把骨法和人體結構聯繫起來，和
後面南朝謝赫講的「六法」是一致的，只不過「六法」講得更系統一點。
特別是講面部造型，因為骨法一開始就講人的面部造型，再次講到骨法
之美的地位。顧愷之講到了「骨俊」，有美的意味在裏面，就是怎麼用骨
法來造就美的形態。

　　這就是書中之骨與畫中之骨。

（二）神

　　關於神，也是分兩部分。一部分講書中之神，一部分講畫中之神。
鍾繇有一句話，「用筆者天也，流美者地也，非凡庸所知」。這是講書法
用筆和天地神韻的關係，不是凡庸所能理解的。王羲之講書法的意義，
實際上就是講神，「須得書意轉深，點畫之間皆有意。自有言所不盡，得
其妙者，事事皆然」。這是最明確的一段，也是他講書意最著名的一段
話。他把魏晉玄學中言不盡意的思想用到了書法藝術上。言不盡意就是
要用神用意來表達。只有言不盡意，才能得其妙。這種微妙難言的情感

◇ 〔東漢〕張芝：《冠軍帖》

◇ 〔東漢〕崔瑗：《賢女帖》

◇ 〔西晉〕衛瓘：《頓首州民帖》

◇ 〔西晉〕索靖：《出師頌》

意緒表現在書法上，就是傳神。

簡單講一講來自顧愷之的一個成語 —— 頰上三毛。這是顧愷之有名的論斷，學習書畫的人都有了解。「頰上三毛」是什麼意思呢？

> 顧長康畫裴叔則，頰上益三毛。人問其故，顧曰：「裴楷俊朗有識具，正此是其識具。」看畫者尋之，定覺益三毛如有神明，殊勝未安時。
>
> ——〔南朝宋〕劉義慶《世說新語・巧藝》

裴楷俊朗不凡，時人稱為「玉人」，且有見識。顧愷之說，我怎麼能夠畫出他的特點呢？就是突出他的面頰上這三根毛。觀者一定覺得如同有神明一樣，完全和沒有這三根毛的時候不一樣。所以作畫傳神就在這裏。後來「頰上三毛」成了成語，引申為文章或者圖畫有傳神之處。

魏晉南北朝時期有一個著名的畫家叫宗炳，其《畫山水序》裏面講：

> 且夫崑崙山之大，曠（一作瞳）子之小，迫目以寸，則其形莫睹，迴以數里，則可圍於寸眸。誠由去之稍闊，則其見彌小。今張絹素以遠暎，則昆閬之形可圍於方寸之內，豎劃三寸，當千仞之高，橫墨數尺，體百里之迥。是以觀畫圖者，徒患類之不巧，不以制小而累其似，此自然之勢。如是，則嵩、華之秀，玄牝之靈，皆可得之於一圖矣。
>
> ——〔南朝宋〕宗炳《畫山水序》

這一段的大意是：畫畫的時候怎麼將山水納入不大的畫面，讓人觀賞到呢？要在方寸之間體現高山流水、百里之景，僅僅是描摹，肯定是不行的，一定要抓住其神韻。後面又明確講了應會感神，和畫面所體現的思想和具體形象融會貫通，棲身於有形事物中，感生萬物，從而使神理滲入有形可見的山水之中，使作品的神超越形而得其裏，即使親身遊歷於山水之間，求山水之神裏所得也不過如此。這就是繪畫之神。

最後再講一下謝赫的「六法」。「六法」實際上重點就是講神和骨。第一句講「氣韻生動」，就是內在精神的傳遞，就是神的表現能夠為人感

知。第二句講「骨法用筆」，這一直被中國畫奉若神明。一講骨架，因為骨法用筆首先是造型；二講骨力，就是能不能體現力量；三講骨氣，氣不能脫離骨法，只有骨氣才有精神；四講骨肉兩者的聯繫，沒有骨只有肉肯定是一攤爛泥。其他的四法，「應物象形」就是反映對象的形象，「隨類賦彩」是賦予色彩，「經營位置」是空間構圖，「傳移模寫」是模擬仿製。這四法都位於氣韻生動和骨法用筆之後，地位遠遠不如前面兩者重要。所以李澤厚説，線的藝術正如抒情文學一樣，是中國文藝最為發達、最富民族特徵的，而骨和神都是線的藝術的重要構成要素。

最後小結一下風骨，借用劉勰的風骨論。劉勰最著名的作品就是《文心雕龍》，成書於公元 500 年前後，其中專門有《風骨》一章。在這之前，《毛詩序》裏面就講了「風，風也，教也；風以動之，教以化之」。風就是感染教化的作用，一定是和情聯繫的，要有風情，得風氣。

> 國史明乎得失之跡，傷人倫之廢，哀刑政之苛，吟詠情性，以風其上，達於事變而懷其舊俗者也。故變風發乎情，止乎禮義。
>
> ——《毛詩序》

劉勰在風骨論裏講到，風就是風情和風氣，特別講到了氣。劉勰重視氣和情的會通，重視作家的氣質、個性、天才在創作中的作用。因為《文心雕龍》主要是講文學而非書畫，所以我們借用這個風的風情風氣，實際上風指的就是神，即傳神。

骨有三個層次的意思。第一個層次是結構，結構是骨，構圖也是骨。他講的是文章，不是講的書畫，「沉吟鋪辭，莫先於骨」。任何華麗辭藻的鋪陳，也不能超過骨。第二個層次是骨力，不管繪畫、書法、文章，形式上都是高度凝練的，這樣才能體現骨力。第三個層次，骨實際上是人格的一種體現，「結言端直，則文骨成焉」，意思是做到「事信、義直」，就能成就一篇好文章。做人不亦如此嗎？

◎〔明〕文徵明:《蘭亭修禊圖》卷,紙本設色,故宮博物院藏

◎〔晉〕顧愷之:《洛神賦圖》(局部)

魏晉風骨是什麼呢？用牟宗三的話來講，是清和逸。但是我覺得還不夠，它體現在時代精神和人格理想裏面還有一個濃濃的「情」字。這個「情」發自個體，卻依然是一種普遍的對人生、生死、離別、酒色等生存狀態的哀樂喜怒的感懷，充滿了思辨和智慧，充滿了對宇宙、自然、社會、人生的問詢和探究，表現在藝術上更是如此，因為所有藝術都是情感的表現形式。

中華之美的四個特點

中華之美的四個特點，實際上也可以説是中華民族關於美的四個理想，包括天人合一、仁禮相依、情為核心和中和溫厚。這四個美的理想充滿着儒家的溫情，洋溢着道家的悠遠，浸潤着屈原的執着，穿透着禪宗的空靈，洋洋灑灑幾千年來，一直溫潤和守護着中國人的心靈。

一、天人合一

天人合一是中國哲學的一個根本性思想。

在原始社會，人類的生存條件處處表現出它與自然的直接合一和不可分割。比如，農業處處依賴自然條件，因此國家大事基本上都是如何調節和合理利用自然力為人的生存服務的問題。大禹為什麼能夠成功，就是因為他能夠調節水的自然力。中華民族在長期艱苦鬥爭中發奮圖強，與對自然的改造、征服分不開，也同原始社會制度的長期殘餘分不開，同中華民族在物質生產上長期以農業為主體，有高度發達的農業等情況分不開，最終還是和前文講的命根子 —— 土地分不開的。所以天

人合一是一種符合自然而又超越自然的高度自由的境界，因而是一種審美的理想境界。中國人的天人合一，不捨棄自然，不否定生命，不是到超自然的天堂去尋找不朽，而是在現世的人間、在人的積極有為的社會活動中、在個體對後世所做的不可磨滅的貢獻中尋找永恆。簡而言之，中華民族總是把「盡善盡美」作為美的最高境界。西方的審美最終則走向了宗教，兩者的歸宿是不一樣的。天人合一實際上是抓住了人與自然合規律性、合目的性的特點，很好地處理了人與自然的關係，既意識到了美根源於自然、符合自然，又意識到了美要超越自然。在美的王國裏要追求自由的境界，這是天人合一最終的落腳點，解決了人和自然的關係，而且超越了人和物質的自然關係，要達到一種自由的審美境界。

其實關於天人合一的論述，孔孟都有很多，比如「上下與天地同流」（《孟子·盡心上》）、「可以贊天地之化育，則可以與天地參矣」（《禮記·中庸》）、「天何言哉？四時行焉，百物生焉，天何言哉」（《論語·陽貨》）。這些話不僅講了天地自然的偉大力量，同時也高揚了人在自然面前的偉大力量，揭示了人與天地自然的祕密。

二、仁禮相依

天人合一解決的是人與自然的關係，仁禮相依實際上解決的是人自身和諧的問題。「仁」是儒家思想的核心，在短短的《論語》中就出現過上百次。有一些著名的論斷，如「仁者愛人」（《孟子·離婁下》）、「克己復禮為仁」（《論語·顏淵》）、「親親，仁也」（《孟子·盡心上》）、「仁之實，事親是也」（《孟子·離婁上》），一方面說明「仁」為孔孟思想的核心，另一方面也體現了血緣紐帶是「仁」的基礎含義。這裏的「仁」是內化在心裏的一種理念。

「禮自外作」（《禮記·樂記》）是說「禮」是外在的表現，是對個體

成員具有外在約束力的一套儀式、禮節、習慣甚至巫術等，講「仁」是為了釋「禮」，與維護「禮」直接相關。「禮」也是以血緣為基礎、以等級為特徵的氏族統治體系的組成部分。

孔子講恢復周禮，這裏的周禮實際上就是周公建立的氏族貴族的規範化制度。孔子講的文質彬彬，實際上就是將「仁」內化於心，將「禮」表現於外在，最終目的就是打造個體的內外和諧，即人與自然的和諧以及自己內在的和諧。但是孔孟講「禮」的時候，明確講到了「禮」也要符合人性，也保存了氏族制度時期的人道和民主的遺風。就是說，「禮」也要以食色聲味和喜怒哀樂等為基礎，統治的規範也就是「禮」，不可脫離實際的社會生活。

三、中得心源

我這裏借用「中得心源」，來講中華之美「情為核心」這個特點。這原本是唐代畫家張璪的藝術創作理論，大家都比較熟悉。這原本是一句話，前面半句是「外師造化」，後面半句是「中得心源」。心源就是內心感悟，強調作品要體現人的感情。實際上，關於作品要體現人的感情和思想，很早就有「詩言志」的說法。「詩言志」蘊含着情感與藝術的關係這一思想萌芽，認為藝術應為情感的表現。「中得心源」在這裏主要想表達的意思是情為核心，這是中華之美的又一個重要表現。

「中得心源」還體現在古代思想家對樂的論述中。孔子講過一些，但是講得比較多的是荀子，還有後來的《樂記》。其中一個重要的觀點就是「樂由中出，禮自外作」。「樂由中出」實際上是講人內心的一些想法，還同時表達了「樂」「動於內」、「禮」「動於外」的意思。「樂」是施，「禮」是報。「樂」是內心的體現，「禮」是外在的對「樂」的反映。從「中得心源」這個情感源頭來講，「樂由中出」說明在審美上也是以情感為中心的。

　　　　樂也者，聖人之所樂也，而可以善民心，其感人深，其移風易
　　　俗，故先王著其教焉。

——《禮記‧樂記》

　　同時，「樂」也是個體的感官慾望和情感從社會倫理道德的層面達到
統一的結果。只有達到了這種統一，個體才會與社會、自然實現高度和
諧。總的來說，不管是禮樂還是以情感為中心，包括後來一些藝術在表
達上的含蓄細膩、言不盡意等，都和這種感情密切相關。這個地方的「中
得心源」，要講的一個重要觀點就是情感要達到和認識的統一、倫理的統
一，實際上最終要達到真、善、美的統一。在真、善、美的統一中，情感
起到了很大的作用。

四、中和溫厚

　　中和溫厚，字面的意思就是中正和諧、溫柔敦厚。中和之美是對傳
統之美的概括，也是中國人長期形成的共識。中和之美是什麼？在孔子
那裏實際上是中庸、和諧的意思，中庸就是「無過無不及」。孔子同時強
調：「樂而不淫，哀而不傷。」(《論語‧八佾》) 關於和，孔子也有著名的
論述：「禮之用，和為貴。先王之道，斯為美；小大由之。」(《論語‧學而》)

　　一提起溫柔敦厚，我們總是能想起孔子用他那雙溫柔厚實的大手撫
慰中華兒女的心靈，眼睛裏總是透着柔和的光。這何嘗不是一種人際之
美，何嘗不是人與社會的和諧之美，何嘗不是一種社會情感之美？

　　在中庸和諧上，中國的建築是一個重要的表現形式。一開始就給
大家看了四合院的平面圖，四合院就是一種典型的中國民居。新石器時
代的半坡遺址，就是方形或者長方形的土木建築形制。從新石器時代開
始，我們的祖先就住在這種形式的房子裏，後來的發展也沒有改變這種
樣式。這種方形或者長方形的土木結構的建築形式就是中國建築的主要

形式。

　　中國建築有三個特點：第一是方正；第二是對稱；第三是平面鋪開，形成群落。不管是故宮這樣的宮殿，還是四合院等民居，都是平面鋪開的，不像西方的建築。如西方的建築經典哥特式建築是高聳入雲的，這種建築往往不是用來居住的，多是宗教建築。我們的建築基本上是和居住聯繫在一起的，而且中國建築的結構同時還體現了溫厚。我們的建築是土木結構的，只有土和木的建築才能給人以溫暖，而不像石頭和鋼筋混凝土給人以冰冷的感覺，所以中國和西方的建築在情感體現方面也是不一樣的。

　　董仲舒認為天地的另一重要的美的表現在於「和」或「中和」。他說：

　　　　然則天地之美惡，在兩和之處，二中之所來歸，而遂其為也。……中者，天地之所終始也；而和者，天地之所生成也。夫德莫大於和，而道莫正於中。中者，天地之美達理也，聖人之所保守也……

　　　　和者，天之正也，陰陽之平也，其氣最良。物之所生也，誠擇其和者，以為大得天地之泰也。……中者，天之用也；和者，天之功也。舉天地之道，而美於和，是故物生皆貴氣而迎養之。

　　　　　　　　　　　　　　　　——〔漢〕董仲舒《春秋繁露》

　　天地之美在於和，這是最美好的狀態。如果天地不和，就不可能生長出各種美好的東西。中國的建築大多是中正的，天安門是最典型的中正建築，這是中國美的傳統。所謂「中」，是天地的終結和開始；而所謂「和」，是天地的生長和成熟。德沒有比「和」更大的，道沒有比「中」更好的，「中」與「和」是天下最好的常理，也是人們所要遵循的。

　　中國的美更多着眼於關係、功能、韻律，而不是實體、對象。它更強調的是相互滲透和協調，而不是矛盾和衝突，是人的情感表達，而不是對物的模擬，是人生的和諧和滿足，情感性的慾望得到滿足，而不是

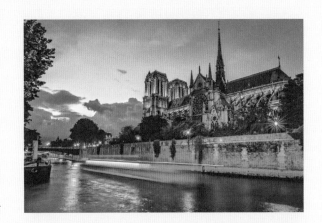

◈ 巴黎圣母院夜景

◈ 苏州博物馆，文
征明手植紫藤花

像西方那樣的恐懼。就像一下子把你扔到空曠的教堂裏，讓你覺得非常無助，甚至十分恐懼，只有求助於上帝才能得救。中國之美不是這種恐懼，也不是悲劇的壯美，而是以中和溫厚之美征服人心。自古以來，孔子被認為是一個溫厚的長者，被稱為萬世師表。孟子也是一樣的，他説「老吾老，以及人之老；幼吾幼，以及人之幼」（《孟子‧梁惠王上》），都是對社會仁愛的體現。

　　人是天地萬物中最寶貴的，如何求得人與自然、個體與社會的和諧發展，始終是中國哲學最為重視的問題。在這裏，中和溫厚被看作達到這種和諧的一個重要手段，既是社會政治理想，也是美的理想。藝術的根本功能，不在於對外部與自然規律的認識，不是宗教的附庸或手段，而是實現中和溫厚所不可少的東西。人的感性慾求和自然、社會倫理道德的和諧統一，始終是中華之美的根本。

　　這是關於中華之美的四個理想，也是四個方面的特點。下一部分，我們將回到開始時給大家的思考題。

第六章

美育的三個問題

三人遊：不約而同

　　2019 年 11 月 7 日，人民美術出版社在浙江嘉興舉辦了全國美術教師大會的第一場會議，我在會議中提了一個判斷：我們正在進入新美育時代。黨的十八屆三中全會提出「改進美育教學，提高學生審美和人文素養」，之後中央關於美育又陸續做出了一系列重要指示，美育已經上升為國家戰略。2020 年 10 月 15 日，中共中央辦公廳、國務院辦公廳聯合發佈《關於全面加強和改進新時代學校美育工作的意見》，美育不僅成為國家戰略，而且有了具體部署。隨着時間的推移和美育實踐的深入，我們對於新美育時代的認識也在不斷深化。

　　美育要講的內容很多，比如美育和德育的關係，美育在「五育並舉」中的地位和作用，美育和藝術、社會、生活的關係等。這些都是很好的話題，也多多少少有人講過，比如蔡元培在 20 世紀 20 年代就講了美育和德育的關係，講得很好。這一講主要講美育的三個比較基本的問題：一是中國和西方美育的基本觀點，主要講席勒、孔子和莊子；二是講一講美育能不能代替宗教，講一講蔡元培先生「美育代宗教」這個著名觀點的影響力；三是從異化的角度看美育的作用。

　　三人遊是哪三人呢？一個是席勒，一個是孔子，一個是莊子，他們的美育思想都與「遊」有關。

一、席勒：遊戲

　　第一個講席勒。席勒在 18 世紀末第一次提出了美育這個概念。他是德國哲學家，最有名的著作是《美育書簡》，有的譯為《審美教育書簡》。這本書是由 1793 年至 1794 年席勒寫給丹麥王子的 27 封信組成的。其影

響在於席勒不只提出了美育的概念，還闡述了美育怎麼產生、起了什麼作用、是怎麼運作的。席勒有一句名言：「只有當人充分是人的時候，他才遊戲；只有當人遊戲的時候，他才完全是人。」[1]

　　這是他關於美育的一個著名論斷。換種說法就是，只有當人充分是人的時候，他才懂得美。未成為完整的人時，人是不懂得美的。下一句是「只有當他審美的時候，懂得美的時候，他才完全是人」。席勒講的遊戲是「三人遊」的第一個遊，遊戲實際就是美育，就是審美，就是如何懂得美。

　　席勒認為人有兩種衝動，一種是感性衝動，一種是理性衝動。前者來自自然的必然性方面，給人物質性的壓力。後者來自精神的必然性方面，給人意志性的壓力。他認為這兩種衝動會造成人性的分裂和不和諧。那怎麼解決呢？就得把兩者統一起來，通過美，通過人自由的這種美，才能實現人性的統一。如何統一呢？那就是美育。

　　前面講過康德的思想，可以看出席勒與康德是一脈相承的，在「知」和「意」之間，也就是感性衝動和理性衝動之間，只有通過美這個橋梁才能達到人自由的目的。席勒認為美是中介，他說：

> 用一個普通的概念來說明，感性衝動的對象就是最廣義的生活；這個概念指全部物質存在以及凡是呈現於感官的東西。形式衝動的對象，也用一個普通的概念來說明，就是同時用本義與引申義的形象；這個概念包括事物的一切形式方面的性質以及它對人類各種思考功能的關係。遊戲衝動的對象，還是用一個普遍的概念來說明，可以叫做活的形象；這個概念指現象的一切審美的性質，總之，指最廣義的美。[2]

1　朱光潛.西方美學史（下）[M].北京：人民文學出版社，2004:440.
2　朱光潛.西方美學史（下）[M].北京：人民文學出版社，2004:439.

　　席勒明確講遊戲衝動就是「現象的一切審美的性質」，與康德關於美的觀點一致。他把現象作為認識對象，而不是把物質本體作為認識對象。因為康德認為物質是不可知的，只有現象可以認知，所以美作為遊戲的對象也在現象層面。

　　按照席勒的這個說法，遊戲衝動的對象就是廣義的美，而美就是活的對象，所以席勒把遊戲衝動作為「審美的創造形象的衝動」。他要表達的最重要的意思就是，審美對於人的精神自由、人性完滿都是必需的。如果沒有審美這個中介，人就不能做到理性和感性的溝通，就不能實現精神的自由，不能獲得人性的完滿，就不是真正意義上的人。完善的人性應該是感性衝動和理性衝動二者的和諧統一，只有以遊戲衝動為中介才能實現。人只有在遊戲衝動中，即在審美境界中，才能實現感性與理性、物質與精神、客觀與主觀、被動與自由的統一，成為具有完善人格的人。因此，美是人的第二創造者。用通俗的話來講，只有通過美這個橋梁才能達到人性的完滿，才能實現人的精神自由。只有遊戲衝動（審美衝動）才能使人擺脫功利的社會關係的束縛，成為自由的人。

　　所以席勒的名言就是只有當人充分是人的時候，他才遊戲，才懂得審美，懂得美。只有當人遊戲的時候，他才完全是人。只有審美遊戲到了高級階段，美本身才能成為人追求的對象。席勒的目的是想找到一條通向政治自由的光明大道。怎麼通向呢？他的想法就是通過審美教育來改造，通過美育來形成完整的人，來達到通過改造人的精神世界解決現實問題的目的。這注定是一個美的烏托邦。

二、孔子：遊於藝

　　第二個給大家介紹一下孔子的「遊」。

志於道，據於德，依於仁，遊於藝。

——《論語・述而》

「志於道」就是有志於道，道是一個引領；「據於德」，德是基礎；「依於仁」，仁是最終的歸屬；「遊於藝」，也可以解釋為在藝術的領域自由地遊戲，或遊走於藝術之中。為什麼到了一定高度就是遊戲了呢？很簡單，美的最高境界就是自由。遊戲就是為了追求這種生存境界、生活境界。「遊於藝」的「藝」，在孔子這裏主要是禮、樂、射、御、書、數這「六藝」。大家可能會問，禮、樂為什麼放到「六藝」裏面？禮是孔子非常推崇的，僅僅作為「六藝」的一種，是否層次太低了？主要是因為禮、樂需要物質的東西來完成，禮需要通過儀式、禮器、服飾等輔助，樂也是一樣的。所以，孔子把禮、樂歸於「六藝」。他用「遊於藝」這個「遊」突出了這種盡在掌握中的自由感，人可以在禮、樂、射、御、書、數的「自由遊戲」中，完成「志道」「據德」「依仁」的發展過程，實現人的自由。這同時也說明，孔子對掌握技藝在實現人格理想中的作用的重視。

孔子還有幾句和美育關係比較密切的話：

興於詩，立於禮，成於樂。

——《論語・泰伯》

在這裏，「成於樂」也和「遊於藝」一樣，是放在最後一項的。「詩」給人以豐富的聯想，「禮」給人以立身之相，「樂」給人以心靈的完善。與「遊於藝」相比，「成於樂」更多強調的是內在修養生成的自由，「遊於藝」則更多強調掌握客觀規律而獲得的自由。「成於樂」是在「遊於藝」基礎上形成的，是主觀和客觀的統一，也是要內化在心裏的。

孔子還說：

詩，可以興，可以觀，可以群，可以怨。

——《論語・陽貨》

　　這是什麼意思呢？「興」是比興的意思，有連類引譬、有感而發、啟發誘導之意。通過聯想而受到感染，也就是通過情感的擴散而達到由個別到普遍的效果。「觀」就是觀風俗之盛衰，其中帶有情感上的好惡，從而形成一定的社會情感。「群」就是生產生活的社會關係。在古代，氏族的血緣關係決定了在社會倫理關係中，人們的生存、交流和凝聚要以仁為基礎，以禮樂為表現形式。「怨」就是可以學的諷刺方法。總的來講，就是要內化於心，而後為國以禮。怎麼達到這個標準呢？就是要興、觀、群、怨。「遊於藝」而後「成於樂」，最後會有一個什麼境界呢？就是孔子說的「從心所欲，不逾矩」（《論語‧為政》），這是孔子講的境界，很自由但沒有超出禮的規範。這是「遊於藝」而「成於樂」的結果。

三、莊子：逍遙遊

　　第三個遊是莊子的遊。前文在講莊子的時候已經比較充分了，這一講就簡單舉幾個例子：

　　　　若夫乘天地之正，而御六氣之辯，以遊無窮者，彼且惡乎待哉？

　　　　　　　　　　　　　　　　　　　　　　　　——《莊子‧逍遙遊》

　　　　乘雲氣，騎日月，而遊乎四海之外。死生無變於己，而況利害之端乎！

　　　　　　　　　　　　　　　　　　　　　　　　——《莊子‧齊物論》

　　莊子最有名的就是《逍遙遊》。莊子的遊是最脫離物質的，他覺得只有這種逍遙遊才是絕對自由的，達到這種境界，人才是自由的人、快樂的人，才會成為和自然、宇宙統一的至人、神人和聖人。

　　為什麼這麼說呢？因為儒家是從人際關係中來確定個體價值的，而莊子是從擺脫人際關係來尋求自己價值的。儒家認為，人不在一定群體中無法生存。但莊子的理想是擺脫一切人際關係，擺脫一切物質的東西

來尋求個體的價值。只有「摶扶搖而上者九萬里」「背負青天而莫之夭閼者」(《莊子‧逍遙遊》)，才能自由地飛翔，才能獲得最高的美感。這種飛翔實際上講的不是身體，而是精神。前文講了莊子的「坐忘」和「心齋」，實際上就是忘掉一切耳目心意的感受，才能夠和萬物融為一體，遨遊天地之間，獲得天樂、自樂、神樂，最後達到「天地與我並生，而萬物與我為一」(《莊子‧齊物論》)。這是莊子《齊物論》的名言，也是其天人合一的最高境界。莊子的天人合一是完全順應自然、擺脫物質和人際關係的束縛形成的，而孔子的天人合一卻要符合禮的要求，在各種人際關係中游刃有餘。

用一個「遊」字來實現審美、美育，東西方的思想家竟然不約而同地走到了一起。「遊」有輕鬆愉快、潛移默化、寓教於樂的意思，有人與自然、社會的互動在其中，通過「遊」的形式，達到發現美、體驗美、實現美的目的，達到人的自由和全面發展的境。那麼，中國和西方的遊，又有哪些不同呢？

席勒的美學思想實際上和古希臘的柏拉圖、亞里士多德以及近代的康德等人是一脈相承的。席勒認為審美是從認識到倫理的橋梁，而且在認識的領域，物質本身是不可知的，只有現象是可以認識的，這就給神留下了生存的空間。也就是說，在不可知論的神祕氛圍裏，除人之外，還有神。怎樣獲得美的感受、體現美的最高自由呢？以情感為主要特徵的審美，有相當一部分到了神和宗教的領域。而孔子就完全不同了，他眼裏只有人沒有神，莊子也一樣，只講現實社會中人的自由，這是中國和西方根本的不同之處。在孔孟老莊的眼裏，一定要在現實的人生中尋找寄託，一定要通過審美、通過情感認同和情感享受來理解美，一定要在現實世界中求得精神寄託或者精神力量，以達到對最高人生境界的追求。這一點，不管儒家還是道家，本質上都是如此。

◎〔明〕仇英:《人物故事圖冊》之一《子路問津》,故宮博物院藏

◎〔明〕仇英:《人物故事圖冊》之一《南華秋水圖》,故宮博物院藏

美育能不能代替宗教

下面我們正好引出第二個問題，就是美育能不能代替宗教。剛才講了中國人的美育的歸宿是最高的人生境界的追求，西方人的歸宿是神和宗教，那麼，美育能不能代替宗教呢？

一、蔡元培與美育

「以美育代宗教」最早是蔡元培提出來的。這一提議有一個背景，1898 年戊戌變法以來，西方思潮湧入中國，社會風氣為之一變。1917 年正處於新文化運動的發展時期，當時北京基督教青年教會發起了拉攏青年學生信教的宗教運動。針對這種情況，蔡元培發表了「以美育代宗教」的演講，反對教會插手教育。

蔡元培在美育方面有重要貢獻。席勒是西方第一個提出美育概念的人，蔡元培則是 20 世紀中國提出美育的第一人。他的美學思想實際上和康德也是一脈相承的。他在《美育與人生》裏說：「美的對象，何以能陶養感情？因為他有兩種特徵：一是普遍；二是超脫。」美第一是具有普遍性的，第二是非功利、無利害的。這和康德的觀點無異。蔡元培的美學理論來自康德，康德對美早有論述。「康德立美感之界說，一曰超脫，謂全無利益之關係也；二曰普遍，謂人心所同然也；三曰有則，謂無鵠的之可指，而自有其赴的之作用也；四曰必然，謂人性所固有，而無待乎外鑠也。」（《哲學大綱·價值論》）蔡元培關於美的對象的兩個特性 —— 普遍和超脫，即來源於此。

蔡元培在美育方面做出了重大貢獻。1912 年春，他擔任南京臨時政府教育總長時發表了關於教育方針的意見，明確提出了以德育、智育、

體育、世界觀、美育作為教育內容的觀點，強調「五者，皆今日之教育所不可偏廢者也」[1]。後來他又把美育與體育、智育、德育並列為「培養健全的人格」必不可少的內容，這四育一樣重要，不可放鬆一項。蔡元培在民國初期就能提出「五者」教育內容，具有遠見卓識。所以有人評價他是「新文化運動之父」，說他通過一所大學改變了一個民族。

二、「以美育代宗教」的主要觀點

第二個部分給大家介紹一下蔡元培「以美育代宗教」的主要觀點。他先講了宗教：

> 宗教之原始，不外因吾人精神之作用而構成。吾人精神上之作用，普通分為三種：一曰知識，二曰意志，三曰感情。[2]

「最早之宗教，常兼此三作用而有之。」他講宗教的精神作用兼具這三種。知識是對世界的認識，意志就是倫理道德，感情就是美學，簡言之是認識論、倫理學和美學。這完全來自康德的觀點，他利用康德的理論分析了宗教在社會上具有特別勢力的原因：

> 知識、意志兩作用，既皆脫離宗教以外，於是宗教所最有密切關係者，惟有情感作用，即所謂美感。[3]

後來知識、意志兩個作用都脫離了宗教。「於是以美育論，已有與宗教分合之兩派。以此兩派相較，美育之附麗於宗教者，常受宗教之累，失其陶養之作用，而轉以激刺感情。」他說美育和宗教在一起只有刺激感情的作用，而沒有陶養性情的作用，反而會受到宗教的拖累。於是，蔡元培提出美育要從宗教中脫離出來。

1　高平叔.蔡元培教育論著選[M].北京：人民教育出版社，2011:5.

2　高平叔.蔡元培教育論著選[M].北京：人民教育出版社，2011:87—88.

3　高平叔.蔡元培教育論著選[M].北京：人民教育出版社，2011:89.

◎ 《以美育代宗教說》手稿

　　鑒激刺感情之弊，而專尚陶養感情之術，則莫如捨宗教而易以純粹之美育。純粹之美育，所以陶養吾人之感情，使有高尚純潔之習慣，而使人我之見、利己損人之思念，以漸消沮者也。蓋以美為普遍性，決無人我差別之見能參入其中。[1]

　　這裏的邏輯非常清楚，宗教本來三個作用都有，但美育和宗教在一起反受其累，還不如分出來作為純粹的美育來陶養人的感情。純粹的美育還有很多的好處，可以削弱或消除利己損人的想法，以美為普遍性，消除個體差別的偏見。再接着說，「美以普遍性之故，不復有人我之關

- - - - - - - - - - - -

1　高平叔.蔡元培教育論著選 [M]. 北京：人民教育出版社，2011:90.

係,遂亦不能有利害之關係」。這又是康德的觀點,即美具有普遍性、無功利性、無目的性。最後他進一步論述了美育代宗教的好處:

> 要之美學之中,其大別為都麗之美、崇閎之美(日本人譯言優美、壯美)。而附麗於崇閎之悲劇,附麗於都麗之滑稽,皆足以破人我之見,去利害得失之計較,則其所以陶養性靈,使之日進於高尚者,固已足矣。[1]

都麗之美、崇宏之美最終通過陶養性靈,「使之日進於高尚者」。美育的作用就在於此,這也是以美育代宗教的意義。蔡元培對宗教的弊端進行了專門論述,批判了宗教的狹隘性、排他性和欺騙性,指出了宗教的落後、保守和陳腐等。所以他提出宗教本質上是一種信仰,而信仰應該是一種理智的情感活動,不是愚昧的情感活動。講完弊端之後,蔡元培又講把美育從宗教中剝離出來以及美育能起到的重要作用。總之,美育是自由的,而宗教是強制的;美育是進步的,而宗教是保守的;美育是普及的,而宗教是有界的。這是以美育代替宗教的主要觀點。

三、美育與宗教

第三個方面的內容就是美育到底能不能代宗教。蔡元培的這篇文章也是關於美育的名篇,文章很短,觀點非常切中時弊,但確實沒有經過嚴密的論證。從宗教產生和消滅的規律來看,有其客觀必然的社會歷史原因,不是僅僅靠美育就可以替代的,這是非常明確的。但在我們國家,特別是在新文化運動時期,20世紀初西風東漸、社會發生巨變的時候,美育代宗教的提法是有其歷史意義的。

宗教在中國文化中能發揮什麼樣的作用,和中國文化能不能相容

1　高平叔.蔡元培教育論著選 [M].北京:人民教育出版社,2011:91.

呢？蔡元培要説明的是，中國文化的最高境界是怎麼懂得美、怎麼審美，實際上就是要發揮美育的作用，而這作用不能通過宗教來實現。前面我們也比較了席勒和孔子、莊子的不同觀點，中國人道德人格的培養是靠修身、靠內心來完成的，而不是像宗教那樣靠外在力量來強迫的。所以在中國要想達到美的自由，就一定要靠美育，這是和中國現實結合的結果。中國人不到宗教的虛幻世界中去尋求解脱，從中華民族歷經磨難而又不滅的堅毅樂觀精神裏，我們也能充分地看到這一點。所以在中國，美育絕對不是無利害的遊戲，而是有規範的，即「從心所欲不逾矩」的「矩」在裏面。

不管怎麼講，蔡元培的「以美育代宗教」是 20 世紀初的願景，非常深刻地揭示了美育在中國的重要地位，特別是在教育中的地位以及對人的陶養性情、健全人格方面的重要作用，同時深刻揭示了美育對個體、群體、社會的深刻影響。

美育可以消除異化嗎

第三個問題，美育可以消除異化嗎？異化是馬克思主義哲學的一個重要概念，所以先講一講異化。

一、異化

按照馬克思主義哲學的經典觀點來看，異化的基本含義是指人的創造物同創造者相脱離，不僅擺脱了人的控制，而且反過來違背人的意願，變成了奴役和支配人的與人對立的異己力量。概括地講，就是我們

自己生產的物和創造出的社會關係把我們自己限制住了。這樣的例子有很多，比如說通過現在的大數據技術，你跑到哪兒都能被查到，這和人要求保護隱私的本能是相悖的。我們自己發明的科學技術，把我們自己限制住了；我們自己衍生出的社會關係、人與人之間的關係，把每個人都限制住了。這就是馬克思講的異化的基本含義。

　　但是他主要是講資本主義制度下的異化，主要講了三個方面。第一個方面是勞動產品的異化。勞動產品生產出來後，自己支配不了，由資本家支配。第二個是勞動的異化。你自己的勞動自己支配不了，由資本家支配。第三個是人與人之間的異化。本來人是生而平等的，但是生產的東西越多，社會物質越豐富，你自己反而被剝削得越多。所以馬克思說，你失去的都是資本家佔有的。他的異化理論是從資本主義社會的發展來講的。勞動者失去的一切，恰恰是資本家所佔有的。多麼深刻！

二、異化的藝術

　　異化為什麼和美育有關係呢？來看兩幅作品。一幅是畢加索的《多拉·馬爾像》，它是畢加索 1937 年創作的作品。當時，畢加索在咖啡館結識了來自法國西部的女攝影家多拉·馬爾，畢加索被她的黑眼睛、黑玉般的秀髮深深迷住了，就創作了這幅作品。多拉·馬爾後來也幫了畢加索很多忙。畢加索還有一幅著名的作品，就是更能體現他風格的《格爾尼卡》，這幅畫的整個創作過程就是這位女攝影家給拍攝下來的。這位女性給了畢加索很多創作靈感。所以當時已經年近半百的畢加索專門為她創作了大量的素描、水彩和油畫，成為兩人幸福相處的見證。畢加索畫作的特點，基本上是用幾何圖形、用人的變形來表達他對描繪對象的認識。《多拉·馬爾像》流露出畢加索對這位女性的由衷欣賞，不管從色彩還是從臉部造型突出的地方，現在看起來手法都比較奇特。畢加索就

◈〔西班牙〕巴勃羅·畢加索:《多
拉·馬爾像》,油畫,1937 年,
法國畢加索美術館藏

◈ 畢加索:《格爾尼卡》馬德裏國
家索菲亞王妃美術館

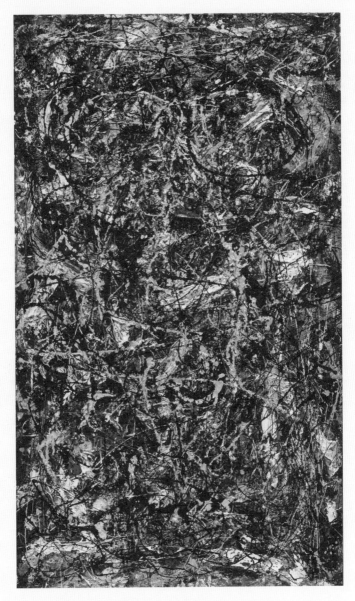

◈〔美〕傑克遜・波洛克：Full Fathom Five（局部），油畫，
1947 年，美國現代藝術博物館

◎〔挪威〕愛德華・蒙克:《吶喊》,油畫,
1893 年,挪威蒙克美術館藏

是用這種變形的幾何圖形來表達自己的感受的。

另一幅是蒙克的《吶喊》，描繪的是孩子般的失望神情，強調的是人在高度緊張下的疏離感。畫面用強烈的紅色、橘色和黃色渲染了這種情形下的無奈。畫上人物摀住耳朵尖叫，我們甚至能夠感受到這種尖叫聲轉化成了戰慄。不僅人物極度扭曲，頭型和骷髏幾乎無異，而且在這種恐懼的尖叫聲中，河流、天空、大地都變形了。

這兩幅畫要表達什麼呢？這就要回到那個年代，也就是 19 世紀到 20 世紀近代西方資本主義社會。當時個體與社會的矛盾衝突在更大範圍內超過了以往任何時代。現當代西方藝術家都希望能夠突出個體和社會的衝突，表達不一樣的感受。這些畫和古典美術作品突出的差別就是他們對正常、和諧、均衡的破壞，是以各種不和諧、不均衡、不成比例的色彩、線條、節奏、構圖來描述一些情景和現象的。所以和古典美術作品來比較的話，這些畫往往不是美的，而是醜的。藝術家故意以種種醜陋、歪曲、變形的形象、圖景、情節、故事給人以強烈的刺激，引起某種複雜的心理感受。在這種複雜而又不愉快的感受中，人的心靈能得到某種程度的安慰和滿足。比如用尖叫來表達感受，用不規則的幾何圖形來刻畫人的面部，用紛亂的色彩來描摹人的心理狀態，都是藝術家對當時社會現象的反映。

有些抽象的作品還帶有思辨的意味，比如波洛克的作品，就是一團亂麻。他表現的是什麼呢？實際上是對現實的一種逃避。在資本主義時代，藝術是被資本、金錢、技術、權力高度異化的世界的心靈對應物，表達了一個異化以後的世界之心，所以才有西方現當代藝術的崛起。用馬克思主義異化理論來解釋這種現象可以得出這樣的結論。

人們從這些作品裏可以看到一個異化的世界，同時看到被異化的自身和心靈。所以現代人複雜混亂的心理感受，有時確實難以用以前那種

規規矩矩的寫實方式來表達，只有藉助抽象或不和諧的形式來表達，讓人在痛苦與彷徨、消沉與憧憬、失望與希望中感受到一種自由的力量，也就是美的力量。所以對西方現當代藝術，可以從異化的角度去理解和欣賞。

這個時期還有一個概念叫表現藝術。表現藝術通過對現實的扭曲和抽象化，表現個體的慾望、情感、意志等，甚至有人認為「表現就是一切」。人在對自由的追求和鬥爭中表達對自由的嚮往，也可以是美的。表現藝術是藝術家個人內在情感的表現，但是這種情感應該是超越個人的普遍的社會意義的，它不是個人情感的發泄。

現當代藝術之所以講藝術是情感的表現，往往不承認美是藝術的本質，原因就是在資本主義條件下，人的異化使得藝術中情感的表現不再具有確定的人的自由的本質含義，或者說只在異化的形式下肯定了人的自由。但這種自由和古典藝術之美相比，還是有變化的，它不滿足於古典藝術那種有限的封閉的程序化的和諧，而是「在產生出個人同自己和同別人的普遍異化的同時，也產生出個人關係和個人能力的普遍性和全面性」。這是馬克思的觀點，就是說異化的同時也能產生出個人關係和個人能力的普遍性和全面性。異化引起了精神危機，藝術就是對這種精神危機的思考和反映。比如說，現在也有人在研究高科技和人的情感如何協調。通過一定的藝術表達形式，把情感的自由表現提高到一個前所未有的高度，實際上就是認為情感的自由表現就是藝術，也就是美。任何藝術的形式都只被看作充分自由而有效地表達現代情感的形式，只能從情感的表現上取得價值。這是如何看待現當代藝術和異化的關係的基本出發點。

三、美育：異化的對抗物

美育是異化的對抗物。人經過漫長而苦難的各種異化歷程成長、前進，最終只有美可以經常地作為異化的對抗物出現和存在。為什麼呢？非常簡單，人只有在美的王國中才真正是自由的，消滅異化就是獲得自由。

什麼時候能消滅異化呢？

馬克思說，只有共產主義社會才能消滅異化，就是人的全面發展和人的解放。美和審美作為人類歷史的感性成果，藝術作為打開心靈的大門，最終會把人變成自由的人、全面發展的人。在一定程度上，人懂得審美就會拋棄一些自私自利的思想，就會想到別人。對美的境界的認識可以決定人的人生境界。所以美育可以成就個體，可以解放社會，可以成為異化的經常性的對抗物。恩格斯說「現在還是這樣：謀事在人，成事在神（即資本主義生產方式的異己支配力量）」，只有「謀事在人，成事也在人」的時候，才是人能夠自由支配自己的時候，才能真正實現人的解放。

本章小結

最後，我想用錢鍾書先生的一句話概括美育。

錢鍾書說：「理之在詩，如水中鹽、蜜中花，體匿性存，無痕有味。」這話說得太好了！借用到對美的體驗來說，能感覺到它的味道，但是看不到它在哪裏。這一方面充分表達了美育具有潛移默化、潤物細無聲

的特性。就如於花蜜中，你能嚐到花的味道，但看不到花的樣子。再如你能品到水中鹽的鹹味，但看不到它的形狀，都是有味無痕、體匿性存的。另一方面強調審美有理解認識的功能，有感染的作用，讓人能從中實實在在得到情感的愉快和享受。美育就是融化在情感裏、體現在生活的方方面面、讓人心生歡喜的一種社會理解，這種無孔不入恰恰是美育的妙處。

簡單總結一下，美育是以潛移默化的方式表現對自由的理解，以健全人格、促進人的全面發展為目標的情感教育。其中，藝術是表現美的主體的，藝術家在美育中應該發揮更大的作用。

這裏有六個要點：第一，美育本質上是情感教育；第二，美育的內容是對自由的理解；第三，表現方式是潛移默化的、具有感染性的；第四，目標是促進人的全面發展；第五，藝術教育是美育的主體；第六，藝術家在美育中更能發揮作用。

新美育時代剛剛啟幕，把握這六點，有很多工作要做，在美育的道路上，我們將成為「水中鹽」「蜜中花」。

參考書目

李秀林、王於、李淮春主編《辯證唯物主義和歷史唯物主義原理》，北京：中國人民大學出版社，1990 年版。

蕭前、李秀林、汪永祥主編《歷史唯物主義原理》，北京：人民出版社，1983 年版。

毛澤東《毛澤東選集》（第一卷），北京：人民出版社，1991 年版。

王朝聞主編《美學概論》，北京：人民出版社，2005 年版。

金啟華譯注《詩經全譯》，南京：江蘇古籍出版社，1984 年版。

王秀梅譯注《詩經》，北京：中華書局，2015 年版。

胡平生、陳美蘭譯注《禮記‧孝經》，北京：中華書局，2016 年版。

胡平生、張萌譯注《禮記》（上、下），北京：中華書局，2017 年版。

饒尚寬譯注《老子》，北京：中華書局，2016 年版。

陳鼓應《老子今注今譯》，北京：中華書局，2020 年版。

辛戰軍譯注《老子譯注》，北京：中華書局，2008 年版。

楊伯峻譯注《論語譯注》，北京：中華書局，2007 年版。

楊伯峻譯注《孟子譯注》，北京：中華書局，2008 年版。

陳鼓應注譯《莊子今注今譯》（上、下），北京：中華書局，2020 年版。

孫通海譯注《莊子》，北京：中華書局，2016 年版。

方勇、李波譯注《荀子》，北京：中華書局，2015 年版。

〔漢〕董仲舒著，張世亮、鍾肇鵬、周桂鈿譯注《春秋繁露》，北京：中華書局，2012 年版。

〔南朝宋〕劉義慶著，沈海波譯注《世說新語》，北京：中華書局，2009 年版。

宗白華《美學散步》，上海人民出版社，1981 年版。

宗白華《藝境》，北京：商務印書館，2011 年版。

蔡儀《新美學》（改寫本），北京：中國社會科學出版社，1995 年版。

朱光潛《朱光潛美學文集》（第三卷），上海文藝出版社，1983 年版。

朱光潛《西方美學史》（上、下），北京：人民文學出版社，2004 年版。

朱光潛《談美》，北京：中華書局，2010 年版。

朱光潛《談美書簡》，北京：中華書局，2012 年版。

費孝通《江村經濟 —— 中國農民的生活》，北京：商務印書館，2005 年版。

費孝通《鄉土中國》，北京：人民出版社，2011 年版。

范文瀾、蔡美彪主編《中國通史》，北京：人民出版社，1994 年版。

李澤厚《美學論集》，上海文藝出版社，1980 年版。

李澤厚、劉綱紀主編《中國美學史》（第一卷），北京：中國社會科學出版社，1984 年版。

李澤厚、劉綱紀主編《中國美學史》（第二卷），北京：中國社會科學出版社，1987 年版。

李澤厚《李澤厚哲學美學文選》，長沙：湖南人民出版社，1985 年版。

李澤厚《走我自己的路》，北京：生活·讀書·新知三聯書店，1986 年版。

李澤厚《中國古代思想史論》，北京：生活·讀書·新知三聯書店，2008 年版。

李澤厚《華夏美學·美學四講》，北京：生活·讀書·新知三聯書店，

2008 年版。

李澤厚《美的歷程》，北京：生活・讀書・新知三聯書店，2009 年版。

劉綱紀《中國書畫、美術與美學》，武漢大學出版社，2006 年版。

劉綱紀《藝術哲學》，武漢大學出版社，2006 年版。

鄧曉芒《〈純粹理性批判〉講演錄》，北京：商務印書館，2013 年版。

鄧曉芒《西方美學史綱》，北京：商務印書館，2018 年版。

鄧曉芒、易中天《黃與藍的交響 —— 中西美學比較論》，北京：作家出版社，2019 年版。

鄧曉芒《黑格爾哲學講演錄》，北京：商務印書館，2020 年版。

蕭萐父、李錦全主編《中國哲學史》（上、下卷），北京：人民出版社，1983 年版。

陳修齋、楊祖陶《歐洲哲學史稿》，武漢：湖北人民出版社，1986 年版。

葉朗《美學原理》，北京大學出版社，2009 年版。

高平叔編《蔡元培教育論著選》，北京：人民教育出版社，2011 年版。

漢寶德《如何培養美感》，北京：生活・讀書・新知三聯書店，2011 年版。

丁寧《西方美術史》，北京大學出版社，2015 年版。

王春瑜《中國人的情誼》，北京：生活・讀書・新知三聯書店，2017 年版。

劉強《魏晉風流》，北京：中國青年出版社，2018 年版。

劉強《竹林七賢》，北京：中國青年出版社，2018 年版。

王蒙《與莊共舞 —— 人生的自救之道》，北京：生活・讀書・新知三聯書店，2014 年版。

傅佩榮《向莊子借智慧》，北京：中華書局，2009 年版。

夏海《老子與哲學》，北京：生活‧讀書‧新知三聯書店，2016 年版。

范子燁《魏晉風度的傳神寫照 ——〈世說新語〉研究》，西安：世界圖書出版西安有限公司，2014 年版。

易中天《美學講稿》，上海文藝出版社，2019 年版。

王文生《西方美學簡史》，北京：生活‧讀書‧新知三聯書店，2014 年版。

吳於廑《古代的希臘和羅馬》，北京：生活‧讀書‧新知三聯書店，2012 年版。

楊琪《你能讀懂的西方美術史》，北京：中華書局，2007 年版。

遲軻《西方美術史話》，北京：中國青年出版社，2005 年版。

錢乘旦《西方那一塊土 —— 錢乘旦講西方文化通論》，北京大學出版社，2015 年版。

王瑞芸《西方當代藝術審美性十六講》，北京：人民美術出版社，2013 年版。

楊雨《我是人間惆悵客 —— 聽楊雨講納蘭》，北京：中華書局，2012 年版。

梁漱溟《梁漱溟學術精華錄》，北京師範學院出版社，1988 年版。

黃宗賢編著《中國美術史綱》，北京：人民美術出版社，2014 年版。

〔古希臘〕柏拉圖著，郭斌和、張竹明譯《理想國》，北京：商務印書館，1986 年版。

〔古希臘〕亞里士多德著，陳中梅譯注《詩學》，北京：商務印書館，2009 年版。

〔德〕康德著，何兆武譯《論優美感和崇高感》，北京：商務印書館，2001 年版。

〔德〕黑格爾著，朱光潛譯《美學》（第一卷），北京：商務印書館，

2009 年版。

〔俄羅斯〕尼·庫恩著，朱志順譯《希臘神話》，上海譯文出版社，1998 年版。

〔英〕布萊恩·麥基著，季桂保譯《哲學的故事》，北京：生活·讀書·新知三聯書店，2002 年版。

〔美〕房龍著，迮衛、靳翠微譯《寬容》，北京：生活·讀書·新知三聯書店，1985 年版。

〔美〕斯塔夫里阿諾斯著，吳象嬰等譯《全球通史 —— 從史前史到 21 世紀》，北京大學出版社，2006 年版。

〔美〕沃爾特·艾薩克森著，管延圻等譯《史蒂夫·喬布斯傳》，北京：中信出版社，2011 年版。

〔美〕房龍著，周亞群譯《人類的藝術》，北京：中國友誼出版公司，2018 年版。

〔日〕柳宗悅著，徐藝乙譯《工藝文化》，桂林：廣西師範大學出版社，2011 年版。

〔日〕長谷川祐子著，潘力譯《寫給大家的當代藝術入門》，北京：人民美術出版社，2017 年版。

〔日〕大西克禮著，王向遠譯《日本侘寂》，北京聯合出版公司，2019 年版。

整理後記

歷時近三個月，由本書著者主講的「美的常識」系列講座落下帷幕。在這三個月裏，他梳理了國內外美學理論和發展線索，將中西方之美娓娓道來。

講座的時間常定在周五下午，在北京秋日午後溫暖的陽光中，孔孟老莊、康德、黑格爾、馬克思等思想家的美學之論穿越時空而來，使中西貫通、古今相融，使遠在千年之前的靈魂與現代思潮碰撞，使傳統之美與現代之美交融於暢談中。

2020 年 10 月 15 日，中共中央辦公廳、國務院辦公廳印發了《關於全面加強和改進新時代學校美育工作的意見》，美育的重要性得到進一步彰顯。在此背景下，為了記錄和留存這一系列講座的精華內容，系統梳理美的常識，本書得以面世。講座的錄音和大綱成為書稿的基礎來源，文字整理工作迅速提上日程，王玥、董詩雨和我在金萌萌、張鍾心老師的指導幫助下按照專題對着錄音進行了細緻的轉錄，並初步整理、編排出完整的章節。

在進行錄音整理時，我們發現在講稿中引用了大量經典名著中的故事，使一些晦澀難懂的哲

學理論變得更易被聽眾所接受，同時也提升了論述的風趣性。為保證引文的準確性，我們單獨開闢出一個工作間集中進行引文核對工作，找出所有涉及的書籍，分類整理，與書稿逐字逐句地進行核對。同時，為保證引文的完整性，更好地呈現經典故事，傳達美學寓意，在此過程中，我們還進行了一些原文增補，補齊故事的前文後續，以使讀者更系統地體驗經典名著中的美。

藉此引文核對的機會，我們沿着中西方美學線索閱覽了數十本經典名著。在此過程中，深感經典書卷中美的內容浩如煙海，而我們僅僅揭開了一角面紗。美並不固定在某片土地，亦不限於某一學科領域，而是如流水一般浸潤和糅合着不同的地域與學科，美在中西之間、文理之間遊走，又彌合着彼此的差異。中西方之美必然有區別，但殊途同歸，最終的歸宿都指向個體的自由解放。美是廣闊而深沉的，因此談論美既需縱觀歷史，亦需橫看四方，尤其要站在巨人的肩膀上。這本書以中西方經典為基石，沿着歷史脈絡，將古今哲人關於美的思想與論述壘成巍峨高山，於茫茫大霧中顯現出《美的常識》之輪廓。

而美到底是什麼？在讀完本書後可能仍難有一個確切的答案，但美的本質是體驗而非認知。《世說新語·任誕》中記載王子猷曾在大雪之夜思念自己的朋友，於是划了整夜的小船去見朋友，但到了門口卻未進門而返。別人問起原因時，他瀟灑一言：「吾本乘興而行，興盡而返，何必見戴！」拿起這本書的人，也未必需要明確的回答，能夠在美的河流中「乘興而行，興盡而返」，便也足矣。

韓昱

2020 年 11 月 27 日

美的常識

周清毅　著

責任編輯　徐嘉雷　　王春永
裝幀設計　鄭喆儀
排　　版　賴艷萍
印　　務　劉漢舉

出版　　開明書店
　　　　香港北角英皇道 499 號北角工業大廈一樓 B
　　　　電話：（852）2137 2338　　傳真：（852）2713 8202
　　　　電子郵件：info@chunghwabook.com.hk
　　　　網址：http://www.chunghwabook.com.hk

發行　　香港聯合書刊物流有限公司
　　　　香港新界荃灣德士古道 220-248 號
　　　　荃灣工業中心 16 樓
　　　　電話：（852）2150 2100　　傳真：（852）2407 3062
　　　　電子郵件：info@suplogistics.com.hk

印刷　　美雅印刷製本有限公司
　　　　香港觀塘榮業街 6 號 海濱工業大廈 4 樓 A 室

版次　　2022 年 4 月初版
　　　　© 2022 開明書店

規格　　16 開（210mm×150mm）

ISBN　　978-962-459-252-8